HEIDEGGER

COLEÇÃO
FIGURAS DO SABER
dirigida por
Richard Zrehen

Títulos publicados

1. *Kierkegaard*, de Charles Le Blanc
2. *Nietzsche*, de Richard Beardsworth
3. *Deleuze*, de Alberto Gualandi
4. *Maimônides*, de Gérard Haddad
5. *Espinosa*, de André Scala
6. *Foucault*, de Pierre Billouet
7. *Darwin*, de Charles Lenay
8. *Wittgenstein*, de François Schmitz
9. *Kant*, de Denis Thouard
10. *Locke*, de Alexis Tadié
11. *D'Alembert*, de Michel Paty
12. *Hegel*, de Benoît Timmermans
13. *Lacan*, de Alain Vanier
14. *Flávio Josefo*, de Denis Lamour
15. *Averróis*, de Ali Benmakhlouf
16. *Husserl*, de Jean-Michel Salanskis
17. *Os estoicos I*, de Frédérique Ildefonse
18. *Freud*, de Patrick Landman
19. *Lyotard*, de Alberto Gualandi
20. *Pascal*, de Francesco Paolo Adorno
21. *Comte*, de Laurent Fédi
22. *Einstein*, de Michel Paty
23. *Saessure*, de Claudine Normand
24. *Lévinas*, de François-David Sebbah
25. *Cantor*, de Jean-Pierre Belna
26. *Heidegger*, de Jean-Michel Salanskis

HEIDEGGER
JEAN-MICHEL SALANSKIS

Tradução
Evando Nascimento

Estação Liberdade

FIGURAS DO SABER

Título original francês: *Heidegger*
© Societé d'Édition Les Belles Lettres, 1997
© Editora Estação Liberdade, 2011, para esta tradução

Preparação de texto	Nair Hitomi Kayo
Revisão	Huendel Viana
Projeto gráfico	Edilberto Fernando Verza
Assistência editorial	Fábio Bonillo e Tomoe Moroizumi
Composição	B. D. Miranda
Capa	Natanael Longo de Oliveira
Editores	Angel Bojadsen e Edilberto F. Verza

CIP-BRASIL – CATALOGAÇÃO NA FONTE
Sindicato Nacional dos Editores de Livros, RJ

S153h
    Salanskis, J.-M (Jean-Michel), 1951-
        Heidegger / Jean-Michel Salanskis ; tradução Evando Nascimento.
    – São Paulo : Estação Liberdade, 2011
        152 p. : 21 cm (Figuras do saber, n. 26)

    Tradução de: Heidegger
    ISBN 978-85-7448-205-7

    1. Heidegger, Martin, 1889-1976. 2. Ciência – Alemanha – História
    – Sec. XX. 3. Filosofia alemã. I. Título. II. Série.

11-7868.	CDD: 193
	CDU: 1(43)

Todos os direitos reservados à

Editora Estação Liberdade Ltda.
Rua Dona Elisa, 116 | 01155-030 | São Paulo – SP
Tel.: (11) 3661-2881 | Fax: (11) 3825-4239
http://www.estacaoliberdade.com.br

Sumário

REFERÊNCIAS CRONOLÓGICAS — 9
INTRODUÇÃO — 11

I. A EXISTÊNCIA — 15
  1. O homem preocupado com seu possível — 16
  2. O *Ser-no-mundo* — 19
  3. O compreender — 26
  4. A angústia — 29
  5. O cuidado — 34
  6. O *ser-para-a-morte* — 40

II. O SER E O ENTE — 55
  1. A diferença ontológica como chave teórica — 61
  2. Superação da metafísica e relação "intrínseca" com o Ser — 71
  3. Visão sintética dos dois dispositivos heideggerianos — 88

III. USOS DE HEIDEGGER — 97
  1. O uso tecnofóbico — 98
  2. O uso hermeneutizante — 110
  3. O uso historicizante (da filosofia) — 120
  4. O uso poetizante — 128
  5. O uso nazista — 137

REFERÊNCIAS BIBLIOGRÁFICAS — 147

Referências cronológicas

1889   Nascimento em Messkirch (Bade), Alemanha.
1909   Obtém êxito no *Abitur*[1] e se inscreve na Faculdade de Teologia da Universidade de Friburgo.
1913   Defende a tese de doutorado, *A doutrina do julgamento no psicologismo*.
1915   Defende a tese de livre-docência, *A doutrina das categorias e da significação em Duns Scot*. É nomeado *Privatdozent* (assistente) na Universidade de Friburgo.
1916   Torna-se assistente de Husserl.
1917   Casa-se com Elfride Petri.
1923   É nomeado professor adjunto na Universidade de Marburgo.
1927   Publicação de *Sein und Zeit* [*Ser e tempo*], no *Jahrbuch für Phänomenologie und phänomenologische Forschung*, a revista de Husserl.
1928   É nomeado como titular na Universidade de Friburgo.

---

1. Exame de conclusão do período escolar equivalente ao nosso ensino mdio. [N.T.]

1929	Participação nos diálogos de Davos (Suíça), onde se opõe a Ernst Cassirer, representante do neokantismo.
1932	Ruptura com Husserl.
1933	Os nazistas chegam ao poder. Aceita o cargo de reitor na Universidade de Friburgo, recusa a demissão de dois professores judeus, adere ao partido nazista e pronuncia, em abril, o "discurso da reitoria", *A autoafirmação da universidade alemã*.
1934	Demite-se da função de reitor e deixa o partido nazista.
1939	Proibição de seu seminário sobre o ensaio de Ernst Jünger, *O trabalhador*.
1944	É requisitado pelos nazistas para efetuar trabalhos de aterro nas margens do Reno.
1945	Proibido de ensinar pelos Aliados, acolhe Jean Beaufret em Todtnauberg (Floresta Negra).
1951	Reassume suas funções na Universidade de Friburgo.
1955	Participa dos simpósios de Cerisy-la-Salle, hospeda-se na casa de Beaufret, encontra Georges Braque e René Char.
1962	Primeira viagem à Grécia.
1966	A convite de Char, comparece em Thor (Vaucluse) para realizar um seminário sobre Parmênides e Heráclito; entrevista para *Der Spiegel* (publicação póstuma), "Respostas e questões sobre a história e a política".
1973	Organiza um seminário em Friburgo, no qual aborda a "questão do ser", a partir de Husserl.
1976	Morre em 26 de maio.

Introdução

Lembro-me de quando anunciaram a morte de Heidegger, em maio de 1976. Soube pela televisão, no jornal das vinte horas. Era, portanto, o início dos sete anos de governo de Valéry Giscard d'Estaing, numa época de modernização pacífica da França, ainda não perturbada pela mudança de sinal econômico de seu destino. Embora aparentemente fossem mantidas, pois nenhum governante assumia o projeto de alterar a França de De Gaulle, as instituições sofriam algumas inflexões silenciosas, cuja importância não era compreendida. Era o que ocorria com a organização da concorrência entre as redes de televisão – as quais, todavia, continuavam sendo públicas – e a criação da SFP[1], se me lembro bem. Apesar de tudo, era ainda a televisão da ORTF[2] que informava aos espectadores a morte do "maior filósofo vivo", ao qual fazia algum tempo tinha sido dedicado um programa cultural noturno – mas não relegado a uma hora da madrugada, como acontece hoje. Tive a sorte de vê-lo, emocionando-me com a evocação da "noite da vida", a que, como se explicava, Heidegger tinha consciência de ter chegado.

---

1. Sociedade Francesa de Produção e de Criação Audiovisuais, sociedade anônima de direito privado, com capital majoritariamente público, criada em 1975. [N.T.]
2. Office de Radiodiffusion-Télévision Française (Organização de Radiodifusão e Televisão Francesa), estabelecimento administrativo, encarregado do serviço público de audiovisual entre 1964 e 1974. [N.T.]

Desde então, muito tempo se passou, trazendo Heidegger para o primeiro plano, ao menos de dois modos.

Por um lado, sua influência sobre muitos discursos – pela primeira vez recebidos e compreendidos pela maioria que desconhecia essa filiação – tornou-se evidente, senão pelo grau ou pela natureza, ao menos pela simples existência dessa influência. Para começar, as obras dos autores mais conhecidos dos anos 1960-70 no âmbito francês – Jacques Derrida, Gilles Deleuze, Michel Foucault, Jean-François Lyotard, Emmanuel Lévinas e Jacques Lacan – devem todas algo de importante a Heidegger, como agora se sabe. Desse ponto de vista, a política geral de tradução e de publicação de suas obras desempenhou evidentemente um grande papel.

Por outro lado, com a publicação, na França, do livro de Victor Farias sobre o engajamento nazista de Heidegger, um debate público e apaixonado sobre a significação desse comprometimento, bem como a aparente indiferença da *intelligentsia* francesa a esse respeito, consagrou o nome de Heidegger como um nó da história contemporânea e da filosofia, convocando a consciência democrática consensual e o discurso especializado para um encontro.

Além disso, sob o efeito do desenvolvimento internacional de inúmeros e diversificados trabalhos que, por mais de um motivo, prolongam a obra do filósofo, os estudos heideggerianos adquiriram envergadura internacional, tornando sua importância incontestável.

É nesse contexto que ora proponho este pequeno livro, no qual me esforço em dar chaves para uma frequentação proveitosa do pensamento de Heidegger. Se há pouco acreditei ser útil retornar ao comunicado televisivo de sua morte e esboçar um relato da recepção de sua filosofia desde essa época, é para que meu leitor saiba que este volume foi escrito *na perspectiva da atualidade*.

Meu objetivo era dar conta do que torna Heidegger hoje importante ou interessante, essencialmente em dois níveis: o de suas ideias maiores, a que são dedicados os dois primeiros capítulos, e o dos usos que seu pensamento propicia, do lugar e da significação que ele assume na contemporaneidade, assunto do terceiro capítulo.

Essa intenção esclarece também o que me elege como autor possível de tal livro. Não sou proprietário erudito do pensamento de Heidegger, alguém que dominaria sua obra de maneira exaustiva, tanto quanto as variações, as nuances e a inserção na história da filosofia, como se encontram neste país outros especialistas infinitamente mais bem instruídos. Escrevo enquanto universitário interessado no espaço teórico contemporâneo[3] e que, nessa qualidade, encontrou o pensamento de Heidegger de mil maneiras: seguindo a corrente filosófica encarnada por Derrida, Lyotard, Deleuze, Lévinas e Foucault, citados há pouco; enquanto filósofo das matemáticas, que propôs uma leitura em parte heideggeriana das ciências formais[4]; enquanto filósofo que se interessou sistematicamente pela hermenêutica em todas as suas vertentes atuais[5]; ou enquanto sujeito político sensível ao acontecimento da exterminação, há mais de cinquenta anos. Mas essa lista não pretende ser exaustiva.

Daí resulta que este livro tem como único objetivo restituir e apresentar conteúdos heideggerianos, não procedendo por meio de explicação de texto ou de paráfrase e não se atendo nem mesmo a uma encenação passiva dos temas ou das noções. Proponho uma síntese das ideias de Heidegger, em dois capítulos que são reconstruções, não hesitando em extrair perspectivas concorrentes

---

3. De certo modo, especializado na não especialização contemporânea.
4. Cf. *L'Herméneutique formelle*, Paris, CNRS, 1991.
5. Cf. *Le Temps du sens*, Orléans, HYX, 1997.

ali onde Heidegger oferece significações convergentes, em enrijecer a definição dos conceitos de maneira a introduzir uma concatenação mais nítida, em jogar profundamente com a periodização da obra, antes de evocar a unidade. Finalmente, no terceiro capítulo, retomo os conteúdos heideggerianos do ponto de vista de sua repercussão, apresentando o enquadramento numa arquitetura cuja responsabilidade é exclusivamente minha. De ponta a ponta no livro, mas em especial na conclusão sobre o "uso nazista" de Heidegger, autorizo-me a fazer ajustes de tipo crítico.

Estou convencido de que tudo isso é preciso para entender do que se trata, bem como de que a liberdade que tomo com o gênero da exposição pedagógica é meu modo de ser fiel à intenção de base: fazer conhecer o autor. Provavelmente há outras maneiras, igualmente legítimas, de tornar Heidegger acessível, mas não tenho dúvida de que está é a única que me foi conveniente. Resta apenas esperar que este volume encontre leitores para os quais meu modo de transmitir seja adequado.

I
A Existência

O cinema americano da idade do ouro conhece algo tipicamente francês, que se chama "existencialismo": há ao menos um filme que conta como uma americana jovem e deliciosa (creio que Audrey Hepburn) se inflama completamente por um duvidoso "papa" do existencialismo, frequentador dos cafés de Montmartre. O caso dá certo, a bela acaba por compreender a superioridade do autêntico sabor do amor que o galanteador, a princípio infeliz, lhe propõe e suscita, ao mesmo tempo no papel de americano, *crooner*, *tap dancer* e romântico (creio que Gene Kelly).

Fica bem claro que o papa duvidoso é uma caricatura de Jean-Paul Sartre. E a "época do existencialismo" é consignada no mito como a época de Sartre e seu bando (Boris Vian, Juliette Gréco, entre outros), quando estes palmilhavam Montparnasse e Saint-Germain-des-Prés, tendo como fundo o *jazz* e o amor livre, ao mesmo tempo que se indagavam gravemente se, quando e como tinham feito ou iriam "fazer a escolha", de acordo com a expressão que, em *A espuma dos dias*, aparece com toda naturalidade no diálogo entre Alise e Jean-Sol Partre.[1]

Porém, o que está totalmente ausente, a um só tempo do filme e do citado livro *A espuma dos dias*, é que o

---

1. Boris, Vian. *L'Écume des jours*, Paris, Pauvert, 1963, p. 157 [*A espuma dos dias*, trad. Aníbal Fernandes, Lisboa, Relógio d'Água, 2001].

tema filosófico da existência foi retomado, pelo próprio Sartre, da filosofia alemã do início do século, que ele conheceu muito cedo, bem como Raymond Aron, Maurice Merleau-Ponty e Emmanuel Lévinas, seus pares e camaradas. Foi, sobretudo, o pensamento de Heidegger que exerceu influência nesse campo. Embora Jaspers decerto tenha, na mesma época, desenvolvido um pensamento do absurdo e da existência que poderia ser levado em conta, não há nenhuma dúvida de que os mestres franceses extraíram suas intuições, se não suas ideias, preferencialmente da fonte fenomenológica heideggeriana. Houve, aliás, um esboço de polêmica entre Sartre e Heidegger, este tendo (em certo sentido) respondido com a "Carta sobre o humanismo" ao ensaio "O existencialismo é um humanismo", do outro.[2]

Obtendo grande ressonância, o pensamento da existência foi a primeira reflexão importante de Heidegger a ir além do campo fechado de sua filosofia. Tentemos, assim, sem engodos, expor suas linhas gerais.

O homem preocupado com seu possível

No tratado magistral a que seu nome permanece mais ligado, *Sein und Zeit* [*Ser e tempo*][3], Heidegger parte da ideia de que há uma diferença fundamental, mal compreendida até então, entre *existência* e *realidade*. Dizemos que as coisas do mundo – quadros, tinteiros, flores, árvores, montanhas, ou mesmo livros, doenças, elétrons

---

2. Os dois textos foram publicados em 1946.
3. Para as citações em português, foram utilizadas as seguintes edições: Martin Heidegger, *Ser e tempo*, Parte I, 6ª ed., trad. Márcia de Sá Cavalcante, Petrópolis, Vozes, 1997; e *Ser e tempo*, Parte II, 4ª ed., trad. Márcia de Sá Cavalcante, Petrópolis, Vozes, 1996. Eventuais discordâncias quanto à tradução da terminologia heideggeriana serão pontualmente indicadas em notas. [N.T.]

— *são*, e também dizemos que as pessoas humanas *são*, mas não refletimos de maneira consequente sobre a grande diferença de sentido que há entre esses dois empregos do verbo "ser".

Quando dizemos que os quadros, tinteiros, flores, etc. *são*, queremos expressar algo como: elas estão disponíveis em algum lugar, num grande armário das coisas do mundo, dos "entes intramundanos".[4] Essa é a maneira de ser da realidade: repousar em si, numa espécie de disponibilidade inerte, num estoque. Oferecer-se à posse e ao pensamento enquanto fragmento depositado no bote englobante do mundo.

Porém, quando dizemos que uma pessoa humana *é*, queremos dizer que ela *existe*, o que Heidegger expressa do seguinte modo: para essa pessoa, *é ela mesma que está em causa*.[5] *Existir* quer então dizer estar comprometido numa relação, permanente e completamente insuperável, de si para consigo, relação esta segundo a qual o que se é importa: tudo se passa como se só pudéssemos verdadeiramente ser o que somos ao projetar sê-lo, assumindo uma espécie de seleção do que podemos ser.

Haveria o risco de compreender o que acabei de enunciar como a afirmação de que o próprio dos sujeitos humanos é a liberdade, a faculdade de decidir o que fazer a cada momento. Aquilo de que se trata está o mais próximo possível da liberdade, mas seria, apesar de tudo, um contrassenso reduzi-lo a isso. O sujeito, que Heidegger chama de *Dasein* – explicaremos por quê –, está encarregado de si próprio, antes mesmo de que para ele se trate de escolher um comportamento: é ele próprio que "está em

---

4. Tanto o alemão *sein* quanto o francês *être* correspondem a dois verbos do português: "ser" e "estar", que são utilizados aqui alternativamente, segundo o contexto. [N.T.]

5. Em seguida, será amplamente utilizada a expressão idiomática *il y va de*, traduzida aqui como "estar em causa". [N. T.]

causa", no sentido de que é tributário de certo interesse fundamental para consigo próprio que o confronta a seu possível. Tudo o que uma pessoa é se lhe apresenta como uma possibilidade de ser, à qual ela cedeu: um *Dasein* é algo que não tem nenhuma substância, nenhuma determinação estável fora desse interesse, dessa autorreferência, dessa inquietação fundamental da existência que é o empurrão do possível, a orientação para o possível.

Em algumas ocasiões, Heidegger pinta de forma extraordinariamente convincente essa enfermidade do possível que corrói de modo constante a existência: não podemos ter acesso a nenhum humor, a nenhuma tonalidade existencial, sem que estejamos voltados para nosso possível, antecipando, temendo, cedendo e assumindo-o. Em qualquer circunstância, damos-lhe importância; para nós, sempre "estamos em causa", quer dizer, equacionamos constantemente o nós ao "estamos em causa", ao possível "não indiferente" para nós.

A partir dessa ideia extremamente simples e radical da existência, Heidegger desenvolve uma espécie de afresco filosófico, no qual alguns elementos decisivos intervêm, configurando a noção de existência. Na verdade, Heidegger defende a ideia de que a existência deve ser descrita em termos de certas noções, que chama de "existenciais", análogas ao que, na tradição filosófica, são as *categorias*, no que diz respeito ao que depende da realidade. Desde Aristóteles, foram arroladas e enumeradas as propriedades típicas das coisas que "estão" no modo da realidade, propriedades estas nomeadas em seguida como *categorias*: por exemplo, uma coisa é suscetível de entrar numa *relação*, merece em princípio ser vista como uma *substância*, tem uma *quantidade*. Heidegger quer proceder a uma descrição geral da existência que seja da mesma ordem. Todavia, pelo próprio fato de *existir* ser uma noção distinta de pertencer à realidade, a descrição geral e de princípio de existência não pode ser feita por atribuição de *propriedades típicas* à existência, mas pelo recenseamento das *atitudes típicas*. Um ente (alguém) para quem ele próprio "está em causa" se deixa necessariamente determinar por uma atitude, de modo tal que iluminar uma existência é registrar uma atitude como tal, em sua generalidade. Os *existenciais* de Heidegger são nomes gerais de atitude, nos quais somos convidados a reconhecer os padrões das atitudes mais singulares que, em escalas temporais variadas, de fato assumimos: por exemplo, o *ser-no-mundo*, o *compreender*, a *angústia*, só para nomear três deles. É igualmente compreensível que as diversas atitudes genéricas se organizem umas em relação às outras: há relações de sentido entre as atitudes, fazendo com que se concatenem dessa e não de outra maneira. Isso permite compreender que *Ser e tempo* é também um romance filosófico: ao descrever as atitudes genéricas que qualificam a existência, Heidegger desenvolve uma espécie de narrativa depurada da atitude humana; não necessariamente a história de uma vida, mas o roteiro típico dos compromissos e posicionamentos pelos quais ela se define.

Para tornar mais concreta essa exposição da noção de existência em Heidegger, falarei um pouco mais de alguns existenciais, que estão em *Ser e tempo*.

O Ser-no-mundo

O primeiro existencial importante em *Ser e tempo* é o *Ser-no-mundo*. Heidegger enfatiza que existir é ter um mundo. Pode-se compreender essa afirmação de modo bastante simples: existir é encontrar-se perpetuamente relacionado consigo próprio, numa projeção para o futuro, o que pode ser dito, de forma mais elementar, como estar implicado numa *ocupação*; ora, isso supõe obviamente um "campo" onde as "atividades" correlatas têm lugar. O que de fato Heidegger descreve é a superposição necessária entre estar interessado em seu próprio futuro e estar voltado para um mundo. Decerto o trabalho é o exemplo diretamente mais eloquente disso: temos uma espécie de preocupação antecipatória de nossa sobrevivência, traduzida por uma ocupação coletiva específica chamada "trabalho"; mas essa ocupação se encontra em ou se dá um espaço no qual ela deve ter lugar, e nosso interesse em relação à sobrevivência é expresso, no final das contas, pelo gesto de nos voltarmos para esse espaço de trabalho, por uma tensão em sua direção, fazendo com que retornemos, para aí nos reinscrevermos regularmente. Na existência, não há distinção possível entre a preocupação que se tem com o trabalho, a antecipação das etapas a que se dedica, e uma certa imantação que leva ao escritório, ao ateliê, à loja ou à fábrica, o lugar onde se trabalha.

Numa formulação mais precisa, com efeito, a ideia de Heidegger é que a projeção interessada de nós mesmos no futuro nos leva à ocupação e abre algo como um espaço e um mundo. Não há primeiramente um espaço e um mundo objetivos, nos quais as operações concretas do existir encontram lugar, mas sim algo em nós como uma "flecha" de projeção, que nos projeta, simultaneamente e num mesmo movimento, para um novo estado de nós mesmos e para um mundo espacializado, aberto por essa flecha.

Não se deve naturalmente entender essa afirmação como um modo de se opor à evidência do senso comum, até mesmo à evidência científica, segundo a qual o mundo objetivo é a moldura independente e prévia do próprio desenvolvimento objetivo do comportamento humano. Heidegger diz simplesmente que o espaço e o mundo possuem um sentido "anterior" ao sentido objetivo, qual seja, o sentido de meta de nossa flecha de projeção. O espaço e o mundo são primeiramente "aquilo a que" me consagro como existência, em que me projeto, na proporção do fato de estar inexoravelmente sobrecarregado, ocupado em configurar algo que a mim retorne como destino.

É possível ilustrar tal perspectiva por meio de considerações antropológicas, que talvez sejam mais facilmente apreensíveis: por exemplo, a biologia ou a etologia do século XX enfatizam a ideia de que todo animal tem um *ambiente*, o qual não coincide com o mundo objetivável em torno dele, consistindo, antes, no conjunto dos lugares cruciais da predação e da sexualidade, das trilhas, dos percursos e das interações do animal no exercício empírico do viver. O próprio Heidegger evoca esse exemplo (ao menos em seu princípio) não para desqualificá-lo, mas para dizer que, segundo ele, é sua noção de *Ser-no--mundo* que esclarece e funda o conceito de ambiente, e não o contrário.[6] Pode-se sorrir dessa pretensão do filósofo, mas a experiência do trabalho intelectual ensina que, se ela nunca é totalmente verdadeira, tampouco jamais é totalmente falsa.

Ilustrações similares podem ser recolhidas em outros registros antropológicos. Basta simplesmente pensar no que quer dizer habitar uma cidade: algo muito diferente de apenas ter comportamentos objetivamente localizáveis no perímetro geográfico da cidade. Em vez disso, significa ter permanentemente suas antecipações existenciais voltadas para lugares-acontecimentos-significações, que emanam da cidade. Ter certa propensão para deambular, fazer compras, para trabalhos, encontros, que implicam o sistema histórico-simbólico ligado à cidade.

---

6. Cf. *Ser e tempo* [Parte I], op. cit., p. 107.

É preciso dizer algo, de modo um pouco mais teórico, sobre o que significa o existencial *Ser-no-mundo* no que diz respeito à espacialidade. Como formulei anteriormente, a ideia de *Ser-no-mundo* é que a flecha de minha projeção para meu possível abre um mundo, de modo que este não tem o estatuto de algo englobante e objetivo, já dado e conhecido antes que nele eu aloje meu comportamento. Essa recusa da noção corrente de mundo supõe de fato uma concepção análoga referente ao espaço. Concebe-se normalmente que o espaço é uma entidade abstrata – cuja chave talvez esteja contida no saber matemático –, na qual se inserem todas as coisas do mundo. Tal é o espaço objetivo do senso comum e da ciência, o qual é conveniente para acolher os entes que dependem da realidade. Mas, segundo Heidegger, esse espaço não pode acolher de igual maneira a existência. A seu ver, a existência não está subitamente no espaço, antes o engendra. Para ele, isso significa várias coisas congruentes e um tanto paradoxais:

• que não poderíamos entrar em contato com nenhum objeto se não tivéssemos em nós mesmos uma espécie de disponibilidade para o encontro, chamada *Ser-em*, que constitui o núcleo conceitual do *Ser-no-mundo*;

• que nosso comportamento fundamental de humano é situar qualquer coisa como próxima, constituindo com isso um ambiente. Heidegger nomeia *Entfernung* o ato de situar como próximo, que pode ser literalmente traduzido como "subtrair ao longínquo". Por exemplo, nesse sentido "situamos como próximo" o amigo que durante uma caminhada "vem ao encontro 'pela estrada' a um 'distanciamento' de vinte passos"[7], mas deixamos de fazer isso em relação ao asfalto da rua, sobre o qual caminhamos, embora aparentemente estejamos a uma distância nula dele.

---

7. *Ibid.*, p. 156.

Há, portanto, para Heidegger, uma noção de *espacialidade existencial* que precede a noção de espacialidade objetiva: ela corresponde confusamente à ideia de que engendramos o espaço por meio de nossos atos de situar--como-próximo, à ideia de que nossa existência se destina ao espaço e, enfim, à ideia de que nos situamos na constelação das coisas que situamos como próximas. O sujeito humano se "encontra" constantemente num complexo de lugares, todos fixados por ele como membros da proximidade, na verdade por sua ocupação, no decorrer de suas atividades. Desse modo, Heidegger diz que toda configuração espacial das coisas é relativa à ocupação do sujeito e, ao mesmo tempo, que a própria situação do sujeito se insere nessa relatividade: posiciono-me em relação ao sistema de posicionamentos que ignoro enquanto realizo meu *Ser-em* ao me ocupar (sempre de mim, de meu possível, em certo sentido).

Tal é justamente a chave da denominação *Dasein*, que Heidegger usa para substituir o termo ordinário "sujeito". O *Dasein* é esse que é o *aí*[8], se é possível traduzir literalmente a palavra alemã. A denominação clássica *sujeito* enfatiza a ideia de um feudo inexpugnável da subjetividade, algo substancial e fechado em si mesmo, que, como tal, se opõe justamente ao que é estranho, exterior, genericamente chamado de *objeto* e reunido num *mundo*. Faz parte da perspectiva de Heidegger, desde o início, recusar o conceito desse face a face, declarando, ao contrário, que o sujeito se define como algo que encontra seu *aí* no mundo e que, nesse movimento, o sujeito-*Dasein*, na verdade, abre o mundo tanto quanto nele se situa. Se, em certo sentido, o *Ser-no-mundo* engendra o espaço e o mundo, também engendra o sujeito no sentido de um

---

8. *Dasein* pode ser traduzido, literalmente, como "Ser-estar-aí" (*da* = aí; *sein* = ser, estar). Aqui optou-se por manter esse termo fundamental no original alemão, como se costuma fazer na tradução para outros idiomas. [N.T.]

sujeito localizado, inserido. Isso leva Heidegger a dizer, por vezes, que o *Dasein* não é mais subjetivo do que objetivo ou mundano: é uma maneira de nomear o sujeito na qual se vê que ele e o mundo são contemporâneos, encontrando a determinação mútua no movimento dessa projeção para o possível, que constitui o próprio da existência e que se deixa também qualificar como *transcendência* em Heidegger, ou seja, em sua linguagem, diferenciação do mundo e projeção nele, saída-para-fora-de-si. Nessa acepção, portanto, a palavra "transcendência" não tem nada a ver com o divino, o religioso, o teológico, designando simplesmente a potência de mundo e de localização que nossa ocupação contém em si, a maneira de sermos arrebatados por nosso possível.

Compreende-se que essa concepção implica igualmente uma nova perspectiva para o mundo. Antes de Heidegger, o mundo significa, muitas vezes ou a maior parte do tempo, o conjunto de todas as coisas, a totalização da realidade. Ou ainda, de maneira correlata, significa o sistema coerente das realidades percebidas em suas relações de causalidade, a natureza da ciência física, em síntese. Uma vez que Heidegger entende o mundo no sentido da existência, em vez de no sentido da realidade, ele descobre forçosamente outro sentido da palavra mundo: o sentido que essa palavra possui para o ente que somos, encarregado de si próprio, preocupado com seu possível.

A tese de Heidegger sobre esse mundo da existência é, em suma, que o mundo primitivo é o ateliê, o complexo de instrumentos ligado à ocupação do *Dasein*, estruturado pelas referências da ocupação. Em minha ocupação, certos entes contam espontaneamente: são os que utilizo, os que situo-como-próximos no contexto dessa atividade em que mergulho, levado por meu possível. Heidegger os nomeia *Zuhanden* (ao-alcance-da-mão), para pôr em evidência o fato de, conforme minha relação com esses entes, não terem nenhuma consistência independente, não sendo coisas substanciais, que me encarariam de maneira estável e autônoma, num mundo objetivo em sentido clássico, extraindo, ao contrário, todo seu teor dessa utilidade no âmago de minha ocupação. Não são outra coisa que pontos de cristalização dessa ocupação: esta é naturalmente balizada por "instrumentos", relançando-se na continuidade de processo, movida por referências que emanam dos *Zuhanden*. Heidegger fornece o exemplo das relações de referência que se estabelecem entre os *Zuhanden* próprios a um escritório: "instrumento para escrever, pena, tinta, papel, suporte, mesa, lâmpada, móvel, janela, portas, quarto".[9] É preciso animar essa enumeração a fim de apreender a ideia de Heidegger, ligando-a a um percurso de ocupação do escritor, que percebe seu escritório (= situa-o como próximo, subtraindo-o ao afastamento), sente-se referido à pena que aí está fixada, daí à tinta de que precisa para utilizar a pena, em seguida ao papel que separa para cobrir com inscrições, e assim por diante.

Tal é, portanto, para Heidegger, o mundo na acepção existencial: um complexo de *Zuhanden* animados por referências, nas quais está em jogo minha ocupação. Refletindo sobre essa ideia do mundo e sobre a maneira pela qual a existência aí se articula e se deixa destinar a seus atos, no fundo Heidegger chega à conclusão de que as coisas de nosso mundo existencial são *signos* ou, ao menos, as relações por elas entretidas são, para nós, de significação. O mundo da existência é um sistema de finalizações que circula de *Zuhanden* a *Zuhanden*, sistema este no bojo do qual cada ente apenas se manifesta por meio do sentido que assume para mim, sentido que é, por assim dizer, reconsiderado nas referências aos outros entes do mundo.

---

9. *Ibid.*, p. 110.

Continuemos, portanto, a nos deixar levar pela descrição heideggeriana de alguns aspectos fundamentais do que ele denomina como existência: de acordo com a intenção declarada, falta falar do *compreender* e da *angústia*.

O *compreender*

Uma segunda atitude fundamental do *Dasein* é o *compreender*. Isso quer dizer que Heidegger, previsivelmente idealista como todo universitário, designa o procedimento intelectual como o destino do homem? A evocação do compreender faz com que surja em minha mente um *slogan* que pontuava cada episódio da série de televisão *Rahan*, realizada a partir dos célebres quadrinhos do ex--jornal da infância comunista *Pif*: "Aprender e compreender, esse era seu destino". O herói pré-histórico de cabeleira loura, que passa de cidadezinha em cidadezinha, de floresta em floresta, procurando um misterioso Eldorado, civilizando em sua passagem todos os que encontra e combate, tem como divisa essa dupla formulação do ideal do saber. A perspectiva de Rahan é a da ciência e do aperfeiçoamento racional da vida humana, mais em consonância com as tiradas redacionais de *Pif* do que com o *frisson* heideggeriano. No entanto, a distinção entre aprender e compreender pode nos ajudar a apreender especificamente acerca do compreender heideggeriano. De forma sumária, *aprender* quer dizer estocar conhecimentos, proposições, no limite mecanismos, embora talvez esta dimensão do aprender já force a modificar o conceito. Seja como for, na linguagem corrente *compreender* designa outra coisa, a faculdade preferencialmente qualitativa de atingir uma clarividência sobre matérias e situações. *Compreender* pode se referir a qualquer tipo de objeto (compreender um teorema, um romance, uma mulher, um país, uma crise...), ocorrendo num tempo difícil de delimitar, diferente do aprendizado apressado, de conteúdo identificável e explícito. Não se sabe exatamente se *compreender* é ativo, pois nele entra, como se pode adivinhar, certa dose de abertura, de acolhida e de passividade; entretanto, compreender é certamente o nome de uma atitude, consistindo numa modalidade da existência. Pode-se aprovar Heidegger sem esforço, antes mesmo de refletir mais a propósito da escolha de nomear um existencial como "compreender".

Na verdade, Heidegger parte de empregos da palavra "compreender", nos quais significa aproximadamente "entender acerca de". Para ele, este é o sentido primeiro de *compreender*: estar bem adaptado, testemunhar silenciosamente, sem verbalizar e sem aplicar regras, sentir-se em casa numa atividade, numa situação, em relação a um contexto. No limite, compreender parece então querer dizer o mesmo que "navegar de modo pertinente". Porém, se for assim, a relação da palavra "compreender" com o pensamento e com a significação parece desaparecer. Ora, Heidegger pretende conservá-la, e, sobretudo no terceiro capítulo, veremos como a reencontra.

Para ele, o compreender é, do modo mais primitivo, compreensão pelo *Dasein* de seu "estar em causa", a partir do ponto onde se encontra. Como visto, a estrutura de base da existência é essa maneira que temos, nós outros *Dasein*, de sermos "tragados" por nosso futuro, de sermos inexoravelmente polarizados por uma projeção de nós mesmos, por possíveis, apenas relativamente, aos quais nos identificamos. Porém, como igualmente dito, essa descrição por Heidegger do homem como preocupado com seu possível não coincide com uma descrição de sua liberdade em sentido clássico. Heidegger não quer dizer que a essência do homem se iguala ao conjunto de seus projetos conscientes, de suas decisões explícitas ou de suas autotransformações relatáveis por meio de palavras, em termos de escolha. A caminhada do possível, que constantemente puxa nossa existência, não é a caminhada transparente de uma deliberação; ao contrário, a natureza de possível disso para o qual nos projetamos é o mais das vezes opaca, e nosso grau de assunção e de mestria conceitual desse possível, nossa capacidade de dizê-lo e de segui-lo de maneira voluntária, são permanentemente problemáticos, vacilantes. A palavra "compreender" designa justamente a perspicácia do *Dasein* em relação a seu próprio movimento em direção ao possível, perspicácia licitamente não verbal, enganosa, resistente. É preciso acrescentar a importante ideia segundo a qual, para Heidegger, não há distinção grande e verdadeira entre o movimento em direção ao possível e o compreender: no fundo, é o mesmo gesto da existência abrir possíveis e também abrir o projeto para si própria, com toda a relatividade que se deve atribuir, como doravante se entende, às palavras "abrir" e "projeto". Nesta exposição, não desejo recorrer sistematicamente a citações de Heidegger, todavia eis excepcionalmente uma que poderia ser esclarecedora:

> Enquanto algo essencialmente disposto, a pre-sença já caiu em determinadas possibilidades e, enquanto o poder-ser que ela é, já deixou passar tais possibilidades, doando continuamente a si mesma as possibilidades de seu ser, assumindo-as ou recusando-as.[10]

Com essa definição do compreender, profunda e inabitual, Heidegger abre também caminho para a descrição da relação da existência com o mundo da significação e do saber. Prolonga, com efeito, a explicação do compreender

---

10. "Pre-sença" é o modo como a edição brasileira traduz o *Dasein* (Ser--estar-aí). Cf. *Ser e tempo* [Parte I], op. cit., p. 199. [N.T.]

ao evocar um segundo gesto existencial decisivo, que redobra o compreender – o da *explicitação*. Chega assim a descrever a *interpretação* como o comportamento fundamental do homem. Na verdade, a análise do *compreender* é o ponto de partida para um desenvolvimento essencial do pensamento de Heidegger: o desenvolvimento hermenêutico. Como dedicarei uma seção deste pequeno volume a tal assunto, não levarei adiante a exposição desse segundo existencial, passando ao que talvez seja o mais célebre, o existencial da angústia.

A *angústia*

No parágrafo quarenta de *Ser e tempo*, Heidegger empreende a elucidação de um existencial a respeito do qual é afirmado de imediato que é privilegiado, operando-se por meio dele uma revelação radical da essência da existência: o existencial da *angústia*.

Heidegger explica a angústia primeiramente por contraste com o medo: o medo é sempre temor de um ente no mundo, temor de algo, temor localizado em relação a um objeto. Já a angústia é, decerto, angústia por algo, num sentido que se deve precisar, mas, no que diz respeito ao que se encontra no mundo, é experiência do *nada* e do *lugar nenhum*. Quando sou tomado pela angústia autêntica, não posso designar nenhum objeto, nenhum elemento de minha ocupação que seja a fonte de angústia, a ameaça angustiante, bem como não posso designar na abertura de meu mundo um lugar de onde a angústia seria proveniente.

Por um raciocínio que os frequentadores da filosofia nomeiam como transcendental, Heidegger coloca essa experiência do *nada* e do *lugar nenhum* na dependência de experiência do *mundo* ou, antes, do próprio *Ser-no-mundo*.

Se, dentro da angústia, somos incapazes de fixá-la numa coisa ou num lugar, isso acontece porque, como pensa Heidegger, somos possuídos por aquilo mesmo que abre os lugares e as coisas para a existência que somos, possuídos pelo *mundo* contemporâneo de nossa incoercível projeção nos possíveis. Leiamos um pequeno trecho em que Heidegger sustenta esse raciocínio, no qual passa do lugar nenhum do objeto da angústia para a ubiquidade do diante-do-quê, recebendo o nome de *mundo* ou *Ser-no-mundo*:

> "Em lugar algum", porém, não significa um nada meramente negativo. Justamente aí situa-se a região, a abertura do mundo em geral para o Ser-em essencialmente espacial. Em consequência, o ameaçador dispõe da possibilidade de não se aproximar a partir de uma direção determinada, situada na proximidade, e isso porque ele já está sempre "presente", embora em lugar algum. Está tão próximo que sufoca a respiração, e, no entanto, em lugar algum.[11]

O que reconhecemos nessa descrição, com referência a qualquer um de nossos episódios angustiados, é a *flutuação* característica da angústia. Com efeito, estar angustiado significa jamais poder se fixar na habitação tranquila de um fragmento de vida, de um passeio, de uma refeição, de uma conversa, estar constantemente expulso de todas as habitações que se propõem ao que então chamamos de "nós mesmos", mas que não são de fato nós, na riqueza de nossa determinação subjetiva: em vez disso, simplesmente a veleidade-de-estar-implicado-em que somos. De modo bastante exato, a experiência da angústia é a de um túnel, ao longo do qual nossa faculdade de optar pelo preferível, o "menos

---

11. *Ibid.*, p. 250.

ruim", em todo caso o preenchimento do tempo, manifesta-se em sua nudez, numa estranha luz crua, obsedando nossas horas a tal ponto que faz apodrecer por antecipação exatamente tudo cuja capacidade deveria representar. Expressamos isso de modo voluntário, e o existencialismo francês, pela voz de Sartre, Camus ou Lévinas, enfatizará esse vocabulário e esse ângulo de visão, dizendo que consideramos a carga de nós mesmos, que a existência é, como irrefutavelmente *absurda*. Absurda quer dizer privada de sentido. Alguma coisa tem sentido quando se refere a outra coisa. A angústia nos mergulha no absurdo porque nos encerra numa referência que não se refere a nada, ao nada e ao lugar nenhum do próprio referir.

Heidegger diz que a angústia é, para o *Dasein*, como uma colisão com o *Ser-no-mundo* que ele constitutivamente é. De acordo com tudo o que escrevemos e ao qual tentamos dar vivacidade desde o início, deve estar claro que o *Ser-no-mundo* de Heidegger se superpõe ao que chamei de veleidade-de-estar-implicado-em no parágrafo anterior.

Deve-se acrescentar duas coisas ao que acabou de ser dito, para melhor compreender o existencial da angústia. Por um lado, importa dizer que a angústia é uma afecção, por outro, que é também atravessada pela *Unheimlichkeit*, termo que Martineau traduz como "estran(geir)idade" [*l'étrang(èr)eté*], mas que eu proporia de preferência, para a necessidade desta seção, como "estar-fora-de-casa".

Comecemos pelo estar-fora-de-casa. Segundo Heidegger, o que normalmente chamamos de "estar em casa", com toda a ideia correlata de segurança, é justamente não estar confrontado essa propensão ao possível que somos enquanto *Dasein*, e que, ao mesmo tempo que ela abre constantemente o mundo, não reconhece coisas nem lugares como sua fixação aceitável. O que chamamos de "estar em casa" é o fato de nos reconhecermos numa configuração de coisas e de lugares *com os quais nos identificamos*. Heidegger chama genericamente essa atitude de identificação de si em seu mundo de "estar-próximo" ou ainda de "de-cadência": é a atitude, necessária e o mais das vezes predominante, do *Dasein* que consiste em "cair" em seu mundo e esquecer essa estranha propensão à tensão que ele é, para ler a si mesmo de preferência nos vestígios disponíveis de sua ocupação. Em face dessa concepção do estar-em-casa, a angústia é obviamente, de certo modo por definição, expropriação do *Dasein*: ao enfrentar o *Ser-no-mundo* que ele é, o *Dasein* se encontra expulso de seu mundo e da identificação à rede desse mundo. É evidentemente perturbador e comovente que Heidegger utilize para denominar essa expropriação a mesma palavra de que Freud lança mão para descrever uma das modalidades pelas quais a representação de desejo retorna para nos atormentar: *Unheimlichkeit*, que geralmente se traduz, no caso de Freud, como "inquietante estranheza", mas que literalmente significa insólito, não familiar. Em Freud também, essa não familiaridade é analisada no final das contas como proveniente de um extremo familiar, que soa como inquietante estranheza apenas por causa do dispositivo que limita a manifestação de todo afeto ou de toda representação (o recalque, digamos).

Consideremos agora o fato de que a angústia é uma *afecção*: todo existencial, como visto, nomeia em princípio uma atitude fundamental do *Dasein*. A angústia, tal como a descrevi até aqui, tem mais a aparência de uma aventura, de um infortúnio, de um desencontro: o de si com o *Ser-no-mundo*.

Na verdade, Heidegger a descreve como *afecção*, o que significa algo completamente diferente. Em desenvolvimentos anteriores, ele havia explicado que o compreender, como atitude de esclarecimento para si dessa projeção em direção aos possíveis que somos, é sempre precedido e preparado por alguma coisa como um humor, ou ainda o que chama de um "ser-tonal". Para o que "está em causa" constantemente em relação a si mesmo, o *Dasein* vive de modo privilegiado esse "estar em causa" sob a forma do experimentar uma tonalidade de si: estamos em certo humor, em certa tonalidade nossa, que é, de fato, uma coloração geral da faculdade de acolhida ou da faculdade-de-estar-implicado-em que somos. Todas as nossas atitudes se produzem tendo esse humor ou essa tonalidade como fundo. O senso comum bem sabe, embora se diga de forma mais voluntária a propósito das mulheres (!), que ao longo de um dia tudo o que fazemos e tudo o que recebemos é tomado em nosso humor, modulado em estilo e em importância por esse humor (daí a questão: "Com que pé você se levantou da cama hoje de manhã?"). Por isso Heidegger precisa considerar um existencial da afecção preparatório em relação ao compreender e, portanto, prévio em certo sentido a todo o movimento do *Ser-no-mundo*: o que, em sentido banal, o compreender compreende é indissoluvelmente a afecção e o poder-ser, os possíveis. A angústia é uma afecção, é mesmo a afecção primitiva que abre o mundo. É, portanto, atitude no sentido de que ser-afetado é, segundo Heidegger, a primeira atitude do *Dasein*. Essa atitude é mesmo crucial no seguinte sentido: como protoatitude, a angústia é a afecção que abre o *Ser-no-mundo* em sua pureza. Há, portanto, uma espécie de reflexividade, de circularidade na angústia: o diante do quê da angústia, o *Ser-no--mundo*, não é apenas justamente seu diante do quê, mas também o que a angústia possibilita, o que, como afecção, ela abre. É por esse motivo que Heidegger seleciona a angústia como um existencial-chave para a compreensão da "totalidade originária do todo estrutural do *Dasein*". Aquilo de que se trata nesta última formulação é, de fato, o que gosto de chamar de romance da existência. Chego a ele agora, com meu título.

Visão de conjunto do romance da existência: o cuidado e o ser-para-a-morte

O *cuidado*

O que Heidegger chama de "cuidado" pode ser dito, em sua linguagem, numa fórmula: *estar-à-frente-de-si no-já--ser-num-mundo como-estar-próximo*. Essa fórmula é supostamente atribuída ao *Dasein*, caracterizando-a existencialmente como *cuidado*. Ela diz da atitude fundamental da existência, se se quiser, mas diz como atitude compósita, comportando um encadeamento de instantes, de modo que no fundo é uma narração. Nessa fórmula, se dermos crédito a Heidegger, estaria contido todo o romance da existência. Na verdade, sou eu que digo *romance*, Heidegger fala preferencialmente, como acabei de evocar, da "totalidade originária do todo estrutural do *Dasein*". Ele considera, portanto, que os três momentos do cuidado, de certo modo, esgotam em seu ciclo a "aventura" da existência, pelo menos no que diz respeito a sua capacidade de fazer estrutura. Porém, quando os acontecimentos de nossas vidas, de nossas atitudes, formam uma estrutura, não é isso o que chamamos de intriga, o que motiva uma narração, não é o que especialmente constitui a razão de ser dos textos que abundam nas prateleiras das livrarias, os romances? Creio, portanto, expressar o próprio pensamento de Heidegger ao afirmar que o cuidado apresenta um ciclo que resume o poder da existência de fazer romance. Isso não significa, bem entendido, que seria o roteiro completo de uma vida:

a ideia é, antes, a de que em cada vida a existência não para de reproduzir o motivo do cuidado, porque este, no fundo, é tudo do que ela é capaz em termos de encadeamento com coerência; para além disso, o fio da existência se perde, ela esquece de si e se retoma. Todavia, não nos apressemos em colocar implicitamente o problema da relação entre o relato do cuidado e a trama temporal usual das vidas.

Para fazer com que se compreenda o que é o cuidado, é preciso em todo caso comentar seus três momentos, que correspondem aos três blocos unidos pelos hífens da fórmula.

O *estar-à-frente-de-si* designa o que até aqui descrevemos como a própria existência: a projeção em direção aos possíveis, o fato de o *Dasein* ser constitutivamente não autocoincidente, estando encarregado e em busca de si mesmo, constante e inexoravelmente. De certo modo, a noção de *estar-à-frente-de-si* isola o empurrão na direção do possível, a flecha do projeto, que o *Dasein* é. Dir-se-á que corresponde eventualmente ao *ex* de existência, perceptível para quem conhece a etimologia latina da palavra, e que se traduz como *fora de*: existir é *ex-sistere*, ter base *fora de*. O *Dasein* só tem, portanto, uma falsa base, sendo originalmente desequilibrado, descentrado pela atração do possível, que o *estar-à-frente-de-si* em sua pureza nomeia.

O *já-ser-num-mundo* lembra o que já vimos: que a projeção em direção aos possíveis é projeção num mundo e que os possíveis têm congenitamente lugar num mundo. É a isso que visa o existencial *Ser-no-mundo*, por ele próprio referido há pouco. A fórmula expressa com exatidão o paradoxo da "situação": o *Dasein* não encontra o mundo *a posteriori*, como consequência da deliberação de um projeto; na verdade, ele se projeta num mundo onde já está, mas que assume o sentido de mundo em função desse projetar. Sua relação "romanesca" com o mundo consiste, portanto, em que aí se encontra "lançado", estando condenado ao mundo, a um só tempo, como prisão de realidade banal, conhecida por todos nós, e como o que ele não para de configurar enquanto lugar do tender-para-si, de sua abertura do possível. A metáfora do estar-lançado, *Geworfenheit*, que por vezes se traduz como *desamparo*, supostamente descreve da maneira mais aproximada essa situação singular, que não consiste em ser inerente ao mundo e a suas coisas desde tempos imemoriais, mas sim na recaída nele desse jato que nunca deixamos de ser.

A configuração desses três momentos recebe em seu conjunto, portanto, o nome de *cuidado*. Tal palavra, em sua simplicidade e em sua unicidade, exprime ou re-exprime a existência: desde o início deste capítulo, eu mesmo apelei, com toda naturalidade, para o léxico do cuidado a fim de descrever a situação ou o estado do homem atormentado por seu possível: ele está constitutivamente ocupado, esforçando-se, encarregado de si mesmo e do possível de si mesmo. Na realidade, os três momentos do cuidado não são necessariamente distintos, cada um deles é a própria existência, ou então esta é a superposição deles: compõem coletivamente um romance da existência, ao mesmo tempo por sua relação de encadeamento e por sua redundância. O *estar-à-frente-de-si* é o homem esforçando-se pelo possível, antecipando-se a si mesmo inexoravelmente; *já-num-mundo*, ele é, e em certo sentido é a mesma coisa, porque o homem só está lançado no mundo enquanto ele é *Ser-no-mundo*, ou seja, enquanto envolver-se com o mundo é sua maneira de ir a seu possível; e *como-estar-próximo* é ainda uma repetição de sua situação, porque nesse mundo com que se envolve, o homem não para de se ler a partir da rede em que seu envolvimento se articula, por um engodo necessário, no mesmo passo e no mesmo movimento com que se antecipa e se envolve. E a palavra *cuidado*, com efeito, na língua comum, conta a superposição estranha, dolorosa e contraditória, de um lado, ordinária e tranquilizadora, de outro, desses momentos distintos. Aquele que "toma cuidado" não para de retraçar em sua cabeça, como pontos de passagem num labirinto, os quais parecem confundir à medida que ele vai de um a outro: 1) um *desejo*, que é a causa muitas vezes dissimulada do cuidado (se me preocupo com a boa conclusão do fim do mês, é porque sonho com dispor de um excedente depois de satisfazer a todas as minhas obrigações financeiras); 2) um mundo de pactos e de pessoas (no qual, por exemplo, meu "projeto orçamentário" está desde sempre – pela memória de meu cuidado – comprometido; 3) e a identificação de mim com tudo o que exatamente me faz esquecer de mim, de forma indefinida no solilóquio de meu cuidado.

Contudo, não podemos obliterar inteiramente o caráter de intriga do *cuidado*. Os três momentos compõem uma pequena história. No princípio, há esse empurrão do possível que move o *Dasein* para além de si mesmo, mas essa flecha da projeção, da saída-para-fora-de-si, não poderia ficar em suspenso, estando destinada a abrir um mundo e nele se transcrever, de modo que "sentimos", ao escutar a história do cuidado, a "nova queda" do *Dasein* em seu mundo (do qual decerto jamais saiu, mas a projeção em direção ao possível dá incessantemente nova consistência à ficção dessa saída e, portanto, o ser-no-mundo não para de novamente valer como outra queda). No final das contas, o *Dasein* que de novo caiu, cativo, não tem outro recurso senão identificar-se com a prisão de seu mundo, pelo menos enquanto lhe faltarem meios para reencontrar a memória do sentido, que distingue sua existência. Fim que não é nem *happy end* nem final infeliz, visto que deixa a incerteza intacta.

Heidegger vai mais longe na compreensão temporal do *cuidado*. Não é que o cuidado simplesmente seja uma pequena história: guarda em si verdadeiramente a história-mãe de todas as histórias, à qual devemos o próprio tempo.

Heidegger ensina, com efeito, que o tempo não é primeiramente o tempo da realidade, mas sim o da existência. Compreendemo-lo espontaneamente como uma sucessão de *agoras*, que nos encara numa espécie de objetividade e acolhe todo acontecimento do mundo. Mas isso nunca passa de uma imagem degradada do tempo, que simplesmente não possibilita compreender sua contemporaneidade para consigo mesmo. Desde os gregos, explicitaram-se os paradoxos dessa concepção do tempo como conjunto de agoras, dos quais alguns são passados, outros presentes e outros futuros. Sexto Empírico dizia o seguinte: do tempo, nada existe, nem o passado nem o futuro, que literalmente já não ou ainda não seja, nem mesmo o presente, que é um limite evanescente, sem espaço próprio, entre passado e futuro.[12] Pode-se entender a concepção de Heidegger como a suspensão de tais paradoxos. Tentemos, portanto, expor isso.

Heidegger explica o tempo em geral por meio de outro mais profundo, o tempo da existência, resolvendo-se em três tensões, que trabalham o cuidado. As três tensões temporalizantes são o que, segundo ele, verdadeiramente nos dá o tempo, constituindo o que faz com que haja tempo, que a temporalidade do que quer que seja faça sentido para nós. Ele chama de "ek-stases" essas três tensões, para lembrar que são de certo modo três "transportes" provenientes do *Dasein*, conferindo-lhe uma dimensão temporal.

A primeira dessas ek-stases é a do *por vir*, correspondendo ao *estar-à-frente-de-si*: com efeito, nesse momento

---

12. Cf. Sexto Empírico, *Les Esquisses pyrrhoniennes*, Paris, pp. 309-312.

do cuidado, o *Dasein* se encontra, por assim dizer, conectado a um futuro, solicitando-o, é justamente isso que se quer expressar quando se diz que, para ele, "está em causa" um possível. A segunda dessas ek-stases é a do *ter sido*[13], que corresponde ao passado do senso comum e ao *já-ser-num-mundo* do cuidado: nesse momento do cuidado, com efeito, o *Dasein* se vê "reconduzido" para onde ele já "estava", a saber, para seu mundo. De acordo com uma formulação feliz, o *Dasein* esbarra consigo como já lá está: não é possível tender em direção ao possível sem ser proveniente, sem ter em seu mundo a condição de onde provém a projeção em direção ao possível, sem se referir a um estado e a um conhecimento de si que combinam com esse mundo do compromisso. Essa ek-stase de *ter-sido* não deixa de lembrar o que demonstrava, a um só tempo com pessimismo e entusiasmo, a filosofia marxista: que todas as intenções de superação nascem e brotam num mundo histórico, sendo por ele condicionadas de modo profundo em seu destino e conteúdo, embora o revolucionem constantemente.

A terceira dessas ek-stases do *presente* corresponde ao *como-estar-próximo* do cuidado. Lançado em seu mundo, o *Dasein* nele se encontra submetido à alternativa da autenticidade. Isso quer dizer, em particular, que, em princípio, ele é contemporâneo das balizas que fazem seu mundo e nas quais se sente tentado a se ler. Para Heidegger, a relação fundamental de simultaneidade que confere ao tempo seu presente não é uma relação entre entes externos, entre entes da realidade, mas a relação entre o próprio *Dasein* e os entes privilegiados de seu mundo,

---

13. Sigo aqui a tradução de Jean-François Courtine, em *Les Problèmes fondamentaux de la phénoménologie*, Paris, Gallimard, 1985, em vez do ser-estado (*être-été*), escolhido por E. Martineau. [No original, *avoir été*, que pode também ser traduzido como "ter estado" – N.T.]

que o cativam. Essa ek-stase do presente define o presente pela possibilidade de alienação, para traduzir novamente as coisas no léxico hegeliano-marxista: o que é fundamentalmente presente é a circunstância em que posso me perder numa imagem de mim. O mundo é meu presente enquanto me fotografa.

O romance da existência, narrado pelo cuidado, dá, portanto, à filosofia da existência seu primeiro equilíbrio. Obtém-se um resultado, o próprio Heidegger assim o descreve, tal foi exposto, como a aquisição do "todo estrutural" da existência. A nova intuição da existência, da paixão do possível do homem, conduz então a uma descrição sintética do exercício corrente da existência, com uma teoria do tempo fundamental, ao modo de benefício imprevisto e considerável. Sobre esse tempo, Heidegger pode dizer que é assim conhecido do lado da temporalização, ou seja, do lado das "operações" que são feits e dadas (as ek-stases): a concepção usual do tempo, de uma só vez vulgar, científica e metafísica, é explicada inteiramente pela queda na inautenticidade, pela propensão fundamental de ler a existência por meio de suas balizas. No caso do tempo, trama essencial da existência, as balizas são os *agoras*, constituídos como agregado universalmente acolhedor dos acontecimentos.

O ser-para-a-morte

Dito isto, o romance da existência pode ser visto ou narrado de outro modo: não mais do ponto de vista do roteiro do cuidado, mas do ponto de vista do fim, ou seja, da morte. Dessa vez, a perspectiva de Heidegger sobre a existência parece juntar-se à concepção comum da vida, segundo a qual esta seria um processo que se desenvolve do nascimento para a morte. Isso pode parecer estranho, pois que o fio condutor de Heidegger, como foi dito logo de início, é considerar a existência em sua diferença para com a realidade, ou seja, não tratar o homem, ente para o qual ele próprio "está em causa", como uma coisa disponível no mundo, livre da carga de seu possível. Porém, ver o homem como mortal não é assumir um ponto de vista da totalidade sobre sua existência, reduzindo-a implicitamente a um funcionamento observável em algum lugar no mundo? A morte não é a catástrofe publicamente constatável dos objetos da biologia, que os animais multicelulares constituem?

Na apreciação radical do romance da existência que propõe em *Ser e tempo*, Heidegger não encara a morte dessa maneira corrente. Encontra-lhe um sentido no interior de sua problemática "existencial", sentido este segundo o qual ela é a "possibilidade mais própria" do *Dasein*, seu "poder ser tudo". O *Dasein* está constantemente em relação com a morte, "antecipando-se" a ela, e isso faz parte de sua estrutura existencial de preocupado com seu possível. Em relação a toda possibilidade particular, a possibilidade de "não estar mais lá" aparece como a possibilidade extrema, possibilidade da impossibilidade. E o extremo e o impossível são, para Heidegger, a um só tempo o *mais próprio* e a *totalização* do *Dasein*.

Essas qualificações são um tanto misteriosas, e não estou certo de que se deva a todo custo reduzir esse mistério: em certo sentido, Heidegger fala da morte de modo estranho, no qual nos sentimos levados a reconhecer, instintiva e empaticamente, antes de toda compreensão conceitual, o verdadeiro. Noutras palavras, temos todos, uns e outros, um conhecimento suficientemente bom do romantismo da morte para aderir a essa imagem da morte como possibilidade mais própria e totalizadora. Todavia, não nos satisfaremos com esse nível de significação e de repercussão da mensagem heideggeriana. O ser-para-a-morte é um conceito-chave, um conceito decisivo do pensamento de Heidegger, constituindo um problema desse pensamento no século. Heidegger é, por excelência, aquele que fez da morte um assunto filosófico, impondo-o mesmo como assunto predileto em toda uma área da discussão filosófica. Se algo caracteriza o mundo filosófico dito continental desde Heidegger, em oposição ao mundo filosófico dito analítico – o da filosofia lógica anglo-saxã – é, de fato, a ênfase temática da morte. Ademais, pode-se indagar se, ao fazer da morte o tema filosófico que se conhece, Heidegger não ultrapassou uma lei não escrita do pensamento ou do gênero filosófico e, no mesmo lance, não prejudicou a filosofia, a despeito do êxito obtido. Obviamente não faz parte do programa desta monografia a abordagem dessa questão. Coloquei-a para se ter uma noção de que assunto singular e importante se tratava com o surgimento dessa "teoria da morte". Decerto pode-se, aliás, dar conta em parte dessa teoria, invocando o clima específico de um momento da história, o do entreguerras: numa de suas entrevistas tardias, Sartre evocava, com indulgência, o momento em que o trágico parecia um ponto de passagem obrigatório para qualquer pensamento.

Para retornar – como espero ter mostrado ser necessário – à tentativa de compreender conceitualmente os "caracteres" da morte (possibilidade mais própria e totalização), simplesmente direi o que se segue.

A morte é *totalização* porque a existência é constantemente inacabamento, incompletude, apelo ao possível. O que o *Dasein* é nunca pode ser referido como uma propriedade que resume uma coisa da realidade, porque ele está sempre, por definição, associando uma nova modalidade de si mesmo, ao seguir o caminho do possível. Daí a ideia de que a morte, definida como o acontecimento da im-possibilidade, ou seja, anulação do possível, morte do possível e como tal morte da existência, é sua totalização: totalização quer então aqui dizer redução da existência a um todo, em vez de realização e integração do diverso.

Por que então a morte é o poder-ser *mais próprio*? Porque, por outro lado, Heidegger analisa a existência como tendo uma nulidade em seu fundamento. Isso é, se se quiser, como visto, o que é experimentado na angústia. É também desse modo que Heidegger compreende o *estar-em-dívida* do *Dasein*. Heidegger funde a noção comum da dívida e da culpa na estrutura do cuidado, pondo-a em relação com aquilo que o *Dasein* é, para si próprio, nulidade, visando a si e se autoconvocando para se enfrentar como nulidade. Essa nulidade é ainda a marca da morte no *Dasein*, a maneira como a morte habita a existência permanentemente como sua possibilidade mais própria, precedendo a existência tanto quanto finalizando-a. Desse modo, Heidegger ata a morte, a existência e a ética num romance que tem tanto equilíbrio e força de convicção quanto o romance do cuidado. Tentemos descrever melhor esse agenciamento.

Heidegger reflete a respeito do que geralmente chamamos de "dívida". Toda a reflexão é, de certo modo, um jogo com a bivalência lexical do adjetivo *schuldig*, que, em alemão, quer dizer tanto "culpado" quanto "em dívida". Ele registra, de fato, o conceito primeiro de estar em dívida, o de todo mundo, segundo o qual estar em dívida significa "*ser o fundamento* no *Dasein* de outro". No entanto, ele julga essa abordagem do estar-em-dívida não apenas insuficiente e superficial, mas também fundamentalmente inadequada, fora de proporção em relação àquilo de que se trata. Com efeito, ela coloca que a existência lesada, a do outro, sofre do déficit de algo, de um objeto: mas é isso que é tipicamente inconcebível aos olhos de Heidegger, tanto mais por ser verdade que entre todo "algo" suscetível de fazer falta e toda existência ocorre a diferença crucial para a qual a filosofia chama a atenção, a saber, a diferença entre *existência* e *realidade*. No fundo, Heidegger implicitamente considera a existência, enquanto relação circular para consigo, como estrutura fechada, que, como tal, não pode ser essencialmente afetada pelo simples registro da falta de um objeto qualquer, numa lista ou num espaço. Um dado de realidade comum ou de ciência dessa espécie permanece numa esfera demasiado estranha para poder atingir a existência, que é principalmente referência a si (lembremos que, para o *Dasein*, é ele mesmo que "está em causa").

O estar-em-dívida recebe, portanto, outra interpretação. Heidegger reconsidera o cuidado, a paixão do possível do homem, lendo nele que o *Dasein* é efetivamente o fundamento de sua própria nulidade: seu comportamento de base só faz confirmar isso. Com efeito, o que é experimentado no *Ser-no-mundo* é que o *Dasein* "refere-se a si mesmo", tendo certamente esse encargo de si que assume o sentido do possível e da projeção em direção aos possíveis, mas essa experiência significa, em primeiro lugar, que o *Dasein* recebe o que ele é como algo previamente incontornável, fora de seu poder, e do qual parte; todavia, essa determinação de si mesmo é sempre antecipadamente marcada como insuficiente, nula, pela tensão em direção ao próprio possível. O *Dasein* é "fundamento lançado", sendo único responsável como projeto, encarregado do que é, e, como lançado, sempre submetido a uma determinação de si num mundo, determinação esta em vias de superação. Isso gera uma dupla nulidade: a da falta de suporte subsistente, visto que o único suporte do *Dasein* é ele mesmo, ou seja, o puro movente, o puro mutante, o desequilíbrio por excelência, e a do projeto, pois o projeto não pode nunca levar senão a uma realização particular que sanciona a não realização de tudo o que de diferente possa ser projetado.

> Isso implica, no entanto, que: podendo-ser, ela [a pre-sença] está sempre numa ou noutra possibilidade, ela continuamente *não* é uma ou outra e, no projeto existenciário, recusa uma ou outra. Enquanto lançado, o projeto não se determina apenas pelo nada de ser-fundamento. *Enquanto projeto*, ele é em si mesmo essencialmente um *nada*.[14]

Essa concepção suplanta a noção comum de dívida moral, supostamente esclarecendo-a em profundidade: em síntese, se podemos ser "encarregados" (*schuldig*) da consciência de nossa falta – desse déficit com que atingimos outrem – é porque, enquanto *Ser-no-mundo*, enquanto existência, somos o fundamento de nossa própria nulidade. A dívida do senso comum aparece como uma dupla distorção da verdadeira dívida, segundo a qual estamos endividados conosco mesmos; distorção quanto ao que faz dívida e quanto a com quem nos endividamos. Considerando o sentido que Heidegger dá ao endividamento consubstancial à existência, isso é o mesmo que dizer, de modo bem mais simples, que ele identifica, no encargo de nós mesmos, que a existência é o fundo e o protótipo de toda culpa. Não procurarei discutir essa tese aqui, grave tanto quanto penetrante. Apesar disso, assinalo que ela me parece muito difícil de se tornar compatível com tudo o que sempre se pretendeu compreender com o nome de moral, ao menos na tradição bíblica: pode-se verdadeiramente acreditar que se esclarece o sentido específico da moral ao anular, na perspectiva conceitual proposta, a particularidade da coisa devida

---

14. *Ser e tempo* [Parte II], op. cit., p. 72.

(subtraída, roubada, prometida, esperada) e a diferença de outrem para comigo? Finalizo o desenvolvimento sobre o estar-em-dívida citando simplesmente a conclusão formulada pelo próprio Heidegger:

> Um ente cujo ser é cura não apenas, de fato, carrega um débito, como, no fundo de seu ser, *é* e está em débito. Apenas este ser e estar em débito oferece a condição ontológica para que a pre-sença, existindo de fato, possa ser e estar em débito. Esse ser e estar em débito essencial é, de modo igualmente originário, a condição existencial da possibilidade do bem e do mal "morais", ou seja, da moralidade em geral e de suas possíveis configurações factuais. Não se pode determinar o ser e estar em débito originário pela moralidade porque ela já o pressupõe.[15]

Como anunciei, essa teoria da dívida serve de suporte para o que em Heidegger se chama de "atestado existencial" do ser-para-a-morte. Heidegger percebe a nulidade que afeta o *Dasein* na qualidade da paixão do possível como "a mesma coisa" que a audácia do impossível que o habita com o nome de ser-para-a-morte, ao menos se ele deseja a autenticidade. Como diz:

> Concebemos existencialmente a morte como a possibilidade característica da impossibilidade de existência, ou seja, como o absolutamente nada da pre-sença. A morte não se agrega à pre-sença no "fim". Enquanto cura, a pre-sença é o fundamento lançado (isto é, nulo) de sua morte. O nada que originariamente domina o ser da pre-sença se lhe desentranha como ser-para-a-morte em sentido próprio. A antecipação

---

15. *Ibid.*, p. 74. ["Cura" é como a edição brasileira traduz *Sorge* (cuidado) – N.T.]

revela o ser e estar em débito a partir do fundamento de ser *todo* da pre-sença. A cura abriga em si, de modo igualmente originário, morte e débito. É a decisão antecipadora que compreende o poder-ser e estar em débito *em sua propriedade e totalidade*, ou seja, *em sua originariedade*.[16]

A morte é, portanto, a possibilidade mais própria do homem, porque sua especificidade de animal do possível em geral o institui como nulo e como encarregado de sua nulidade. Portanto, a tensão em direção à possibilidade última, que é, ao mesmo tempo, a interrupção de toda possibilidade, é a manifestação plena, autêntica, dessa relação fundamental para com a nulidade, que é a paixão do possível da existência. Parece-me cabível dizer que o discurso de Heidegger, do mesmo modo que equacionava o encargo de si segundo o possível com a culpa, identifica aqui a negatividade da morte a respeito de todo possível com a negatividade ordinariamente inerente a todo projeto.

Maurice Blanchot disserta exatamente sobre esse assunto das duas mortes, a que habita minha vida de modo constante, carregando continuamente toda configuração de mundo e de mim, a morte da negatividade histórica e qualificada, imanente à aventura humana, e a morte última, infinitamente outra, que tem seu próprio fim, mais além de minhas escolhas e derivas, aguardando-me a partir de uma ordem destinada a me capturar e fazer-me perder, a morte que nada me diz e para a qual não propendo.[17] Devemos a Heidegger ter radicalizado uma possibilidade de pensamento já indicada por Hegel, ao juntar essas duas mortes; ou, pelo menos,

---

16. *Ibid.*, p. 98.
17. Em *O espaço literário*. Gilles Deleuze evoca muitas vezes esse texto em *Lógica do sentido*.

ter colocado do lado da autenticidade a faculdade de o homem levar seu "projeto" até o ponto ou o momento em que a projeção em direção aos possíveis é confrontada com a morte como impossibilidade do projeto e projeto do impossível. Mais uma vez, não discutimos com Heidegger acerca desse curto-circuito ou dessa avaliação, contentando-nos em dar a entender, como acabamos de fazê-lo, toda a dificuldade que poderia haver para reunir as duas mortes (dificuldade esta que, provavelmente, é conhecida pelo próprio pensamento de Heidegger, como outros textos, eventualmente mais tardios, poderiam testemunhar a respeito).

Portanto, o estar-em-dívida fundamental testemunha a respeito do que o *ser-para-a-morte* tem de próprio. É preciso acrescentar a angústia na ressonância morte--dívida, para melhor apreender o que Heidegger nos apresenta, a que visão nos convida. Como visto, o existencial da angústia nomeia uma atitude que é amplamente e em primeiro lugar afecção, e que é de certo modo a assunção pelo *Dasein* do lugar nenhum ou do nada a que sua tensão em direção ao possível o destina. Essa é também a nulidade encontrada na angústia – no caso, seria mais a nulidade de todo dado mundano perante a existência. Mas essa nulidade logo se volta contra o *Dasein*, porque é ele que é nulo se não pode se refugiar junto do que apenas dá a medida, constituindo o ente disponível no mundo, efetivo e localizado. E a dor da angústia reside de fato nesse sentimento da impossibilidade de apagar o sofrimento da tensão em que se está, recolhendo-se em alguma configuração dada, habitual, mundana. A angústia já mostra o *Ser-no-mundo* sob o ângulo da nulidade, ou seja, da dívida e da morte. E ela o faz como afecção autêntica, como afecção da autenticidade, que nos abre o *Ser-no-mundo* de forma mais verídica do que outros humores.

A *resolução que antecipa* ocorre em Heidegger do mesmo modo que a opção ou o gesto do *Dasein* autêntico. Convém compreender o que ela é, o que quer, para chegar enfim a fazer uma estimativa adequada do romance da existência em sua segunda versão, inspirada pelo ser-para-a-morte.

No começo da análise, Heidegger fala somente de *resolução*, definindo-a já como uma modalidade autêntica do existir ("o projetar-se silencioso e prestes a angustiar-se para o ser e estar em débito mais próprio").[18] Nesse estágio, a resolução aparece como simples vontade, consciente de seu princípio, de seguir o caminho perpétuo da existência de maneira verdadeira, sem mentiras: "reti-cente" corresponde à ideia de que a existência não se veste às pressas com a roupa de tagarelice da motivação explícita; "prestes a angustiar-se", à ideia de que a existência não evita a suspensão de todo lugar e de toda coisa no projeto que ela é; "para o ser e estar em débito mais próprio", à ideia de que, em sua maneira mesma de ir ao possível, ela pretende enfrentar a nulidade com que por isso se vê atingida. O acréscimo do adjetivo "antecipadora" sobredetermina toda a boa determinação de autenticidade pela opção derradeira de "antecipar-se" à morte, de conceber o possível em direção ao qual se caminha como particularização ou degradação do possível derradeiro, ou seja, o possível da impossibilidade que é a morte. A coloração assim dada à resolução faz dela a forma heideggeriana de uma espécie de estoicismo. Trata-se de dar consentimento ao que pode, de modo exclusivo, dar lugar, a exploração de um possível factício, atribuindo--lhe e reconhecendo toda a necessidade que necessariamente abriga em si *na situação*; mas também não ignorando que o *Dasein* permanece em trânsito, indeterminado,

---
18. *Ibid.*, p. 97.

aberto ao prosseguimento, "nulo" como fundamento de sua exclusiva veleidade finita, e que exige verdadeiramente verificar o que foi decidido, a cada vez, do ponto de vista da morte. A existência é assim posta em perspectiva, narrada como a assunção constantemente reiterada da indeterminação absoluta, por meio do que parece sua própria negação, e resultando de um possível como "verdade" da situação. Há como que um jogo de espelho entre esses dois polos, que é o jogo da própria autenticidade. Esse jogo é desiludido e desesperado porque o *Dasein* percebe que a indeterminação "na qual" ele se mantém em sua tensão para o possível, levada ao limite da morte, autoriza e até mesmo implica a traição da inautenticidade, da redução do possível ao mundo: do que se chama de de-cadência ou ser-próximo. Portanto, o "estoicismo" heideggeriano consiste, no fundo, em deixar ser essa obturação do que há de derradeiro e de aquiescente na indeterminação do adiantamento da morte: deixar o lance representado na situação ocupar o palco, ao mesmo tempo que se mantém à disposição do que se segue, expondo-se à retomada do projeto como única maneira de confirmar a autenticidade exigível do ponto de vista da morte (não sem destiná-la a um novo eclipse). Eis algumas frases em que Heidegger formula esse estoicismo:

> A verdade originária da existência exige um estar-certo igualmente originário, no sentido de ater-se ao que a decisão lhe abre, ela lhe *proporciona* a situação de fato e nela se *coloca*. A situação não pode ser antecipadamente calculada ou prevista como algo simplesmente dado, que espera por sua apreensão. Ela só se abre numa decisão livre, previamente indeterminada mas aberta a determinações. [...]
> O ter-por-verdadeiro inerente à decisão tende, de acordo com seu sentido, a se manter *continuamente*

> livre, ou seja, para *todo* o poder-ser da pre-sença. [...]
> Em sua morte, a pre-sença deve, pura e simplesmente, "retomar" a si. [...]
> A pre-sença, no entanto, está de modo igualmente originário na não-verdade. A decisão antecipadora lhe propicia, ao mesmo tempo, a certeza originária de seu fechamento. [...] Transparente para si mesma, a decisão compreende que a *indeterminação* do poder-ser só se determina no decisivo de cada situação. Ela sabe da indeterminação que domina um ente que existe. [...]
> A antecipação coloca a pre-sença diante de uma possibilidade continuamente certa e, não obstante, a todo momento, indeterminada, quando a possibilidade se torna impossibilidade. Ela revela que esse ente está lançado na indeterminação de sua "situação-limite", em cuja decisão a pre-sença adquire seu poder-ser toda em sentido próprio.[19]

O discurso, o relato da existência como diálogo desiludido com o possível e com a morte – que se juntam na figura enigmática e dominadora da indeterminação –, influenciou profundamente a filosofia do século XX, abalando-a em grande medida. Os autores célebres das décadas de 1960 e 1970 na França, por exemplo, Deleuze, Lyotard ou Derrida, reiteraram, cada um a seu modo, esse impasse repetitivo do possível.

Espero que se compreenda o que quero dizer ao apresentar esse fragmento de filosofia, juntando a dívida, a angústia, o ser-para-a-morte e a resolução na situação como segunda versão do romance da existência. Com efeito, isso implica, por princípio, a existência num jogo recorrente de significações e de momentos: a um só tempo no motivo, constantemente retomado,

---

19. *Ibid.*, pp. 99-101.

da determinação do indeterminado e numa espécie de confrontação fundamental – por meio da singularidade da situação, a cada vez ou a cada volta – da existência com o máximo de seu possível, como o fim do possível na morte. Confrontação que também é, num nível mais banalmente empírico, impossível de negligenciar, confrontação de nossos passeios de viventes com a totalidade diacrônica do viver, que nos é concedida. Enfim, não esqueçamos que essa narrativa, como é contada por Heidegger, ainda por cima supostamente detém a chave de tudo o que se dá como dominando a particularidade das configurações da existência, isto é, em primeiro lugar tudo o que é de ordem da ética. O estar-em-dívida é reconduzido ao ser-encarregado de seu possível, autenticidade no afrontamento do limite ou da totalidade que é a morte.

Encerremos esta seção deixando de silenciar a respeito de um ponto essencial: para Heidegger, o romance do cuidado e o romance do ser-para-a-morte são o mesmo. Na apresentação de *Ser e tempo*, trata-se apenas de dois modos sucessivos de iluminar a existência em sua "totalidade". A princípio, sob a insígnia do que chama de "todo estrutural", num segundo tempo em sua relação com o limite e com a totalidade. Mas o romance do ser-para-a--morte supostamente habita o interior do cuidado, constituindo sua verdade, sua autenticidade, sua explicitação. A projeção em direção aos possíveis, que esbarra no já-aí do mundo e na leitura alienada de si do *Dasein* nas coisas, tem que ser compreendida como o diálogo desiludido da resolução antecipadora com a morte e a indeterminação.

Na verdade, para Heidegger, a temporalidade dos ek-stases é o fundamento último de toda análise da existência que ele realizou, nela tudo se coloca e tudo se reencontra, o cuidado como o ser-para-a-morte: dedica, aliás, todo um capítulo ("Temporalidade e cotidianidade") de *Ser e tempo* para reexpor os existenciais que sucessivamente destacou, com a finalidade de reinterpretá-los na perspectiva temporal por ele conquistada. Eu mesmo, ao apresentar o cuidado e o ser-para-a-morte como dois *romances*, conferi-lhes implicitamente uma unidade temporal enquanto narrativas.

Dito isto, eu tinha duas razões para apresentar o cuidado e o ser-para-a-morte como dois relatos sintéticos, que concorrem com a existência: por um lado, uma intenção de esclarecimento, porque acredito que um e outro são mais bem compreendidos nessa exposição separada e independente, inclusive na perspectiva de sua identificação última; por outro, a vontade de deixar em aberto o lugar de uma crítica, de uma resistência ao quadro pincelado por Heidegger. Penso que a superposição dos dois romances não é conceitualmente necessária, e que temos ao menos um indício a esse respeito na própria obra de Heidegger: o fato de que, por um lado, expôs, em *Ser e tempo*, os dois romances em continuidade e em identidade, e, por outro, em *Os problemas fundamentais da fenomenologia*, na mesma época – isto é, num tratado de quase igual peso –, expôs isoladamente o romance do cuidado em sua tradução temporal, com uma pequena janela indicativa em direção ao romance do ser-para-a--morte (em conexão com a questão da infinidade do tempo). Acredito que a visão filosófica dessa independência tem a maior importância para a reflexão atual a que a obra de Heidegger convida. Por um lado, ela permite interrogar, de maneira mais eficaz e profunda, o tratamento heideggeriano do ético; por outro, permite ter acesso, com mais precisão, ao conteúdo conceitual do ensino heideggeriano acerca do tempo, que creio ser essencialmente independente do caso do ser-para-a-morte, embora esteja exposto em *Ser e tempo* por meio de e com referência a ele.

Com essas observações, concluo a exposição do tema da *existência* em Heidegger.

II
O Ser e o ente

Heidegger é igualmente conhecido como o pensador do Ser. O que está por detrás disso é provavelmente ainda mais dissimulado em relação à compreensão comum. Por mais caricatural que seja, e derivada de um pensamento que já a tomava de empréstimo a Heidegger sem necessariamente manter o mesmo nível, a concepção corrente do existencialismo tem algo a ver com o pensamento heideggeriano da existência, que acabei de tentar resumir. Em contrapartida, quando se evoca Heidegger como pensador do Ser é eventualmente para ter dele a imagem de um velho sábio, de um alemão um tanto místico, em quem o amor da natureza subiu à cabeça. Mesmo no caso em que aquele que assim nomeia Heidegger o faz de modo consciente e com conhecimento de causa, não deixa de confirmar com isso certa representação da filosofia como mediação inefável, a milhas da atividade argumentativa, teórica, científica.

Se escolhi como título "O Ser e o ente" para esta segunda seção, foi para lembrar que o que Heidegger disse e concebeu a respeito do ser é entendido num dispositivo teórico em que o ente intervém igualmente. Foi também, portanto, para tratar dessa segunda parte de sua obra como algo de substancial e claro, ligado a muitas coisas do saber e da vida.

Antes de prosseguir, faço questão de tranquilizar o leitor acerca de um ponto que talvez já tenha excitado sua curiosidade: explicarei ao final da seção o uso alternativo da maiúscula e da minúscula na primeira letra da palavra s(S)er.

Em *Por que filósofos?*, Jean-François Revel dá justamente o exemplo da longa e eloquente elaboração de Heidegger a propósito da diferença entre o Ser e o ente como característica da futilidade – separada do mundo, de seus sofrimentos, suas esperanças e seus problemas – da reflexão filosófica contemporânea.[1]

Há, com efeito, duas repreensões "grosseiras" (o que não quer dizer infundadas ou absurdas) e categóricas que se pode dirigir à filosofia heideggeriana. A primeira a julga excessivamente próxima das comoções humanas e, portanto, pouco séria: essa repreensão visa preferencialmente à filosofia da existência, exposta mais acima. A segunda a considera como demasiadamente louca, perdida em inconcebíveis dificuldades destituídas de pertinência ou de autenticidade, como bizantina e absconsa: essa outra repreensão visa de modo privilegiado ao pensamento heideggeriano do Ser e do ente.

Antecipando o fim desta seção, em que procurarei estabelecer a ligação com a anterior, acrescento que o pensamento do Ser e do ente corresponde em síntese aos escritos do *segundo Heidegger*: designa-se assim o Heidegger do pós-guerra, aquele que dava continuidade a sua reflexão, enquanto sua primeira descoberta, relacionada às ideias de *Ser e tempo*, já tinha se tornado memorável, graças a um distanciamento de mais de dez anos. As duas

---

1. Jean-François Revel, *Pourquoi des philosophes?*, Paris, Juillard, 1957; retomado em Jean-François Revel, Paris, Laffont, 1997; a carga cáustica que evoco se concentra sobretudo entre as páginas 56-59. Na verdade, o autor repreende Heidegger por algo mais do que a futilidade do discurso: ataca seu aspecto vazio e paralogístico. Todavia, minha impressão – e outras páginas do mesmo livro levam a crer – é que, se ele recebesse a elaboração de Heidegger sobre o Ser e o ente como não marciana, a avaliaria de outro modo.

repreensões visadas correspondem assim a dois modos de "enquadrar" o pensamento de Heidegger.

Para tentar responder ao "processo de intenção" que Jean-François Revel fazia contra sua filosofia, não há outro meio senão começar a explicar, frontalmente e à queima-roupa, por que motivo Heidegger opõe o Ser e o ente, ao mesmo tempo que me preparo para tentar, em seguida, fazer compreender o interesse da reflexão que propõe tal distinção.

O melhor ponto de partida para entrar nesse assunto é o linguístico. Heidegger opõe dois modos de compreender um "particípio presente": *florescente* pode designar o que floresce ou significar o que acontece a tal coisa.[2] É preciso exercitar a compreensão e o sentimento das duas significações, algo como se se tratasse de olhar uma apresentação visual ambígua, proporcionando duas leituras: assim tal aquela figura muito conhecida que se deixa ver, a um só tempo, como um pato e como um coelho. Por exemplo, se penso em um transeunte [*un passant*] da Praça da Sorbonne ou em um competidor [*un partant*] da terceira corrida da reunião hípica de Saint-Cloud, é num indivíduo identificado pela localização de seu passeio ou pela próxima saída abrupta de seu compartimento que penso. Em contrapartida, se digo que surpreendi meu filho *comendo* [*mangeant*] pão com geleia, minha mente se interessa por esse acontecimento do comer, da mastigação e da deglutição, que aconteceu sob meus olhos em minha sala. Se se dá crédito a Heidegger, os verbos no particípio presente podem, portanto, atrair implicitamente a atenção para uma coisa particular na qual está fixado o processo expresso pelo verbo ou

---

2. O *participe présent* do francês corresponde, aproximadamente, a formas do gerúndio e do antigo "particípio presente", em português. Assim, *fleurissant* significa tanto "florescendo" quanto "florescente". [N.T.]

então limitar-se a refletir sobre esse próprio processo. Uma e outra possibilidade ou acepção pertenceriam essencialmente à significação dos verbos (em francês, para mim que escrevo, em alemão na pena de Heidegger; mas, no caso, isso não parece introduzir nenhuma diferença relevante).

O problema agora é compreender o que se torna essa "ambivalência" do particípio presente quando aplicada ao excepcional verbo "ser". "Ente" pode então soar de dois modos:

1) ou bem "ente" expressa algo que é, um particular, estabilizado e decerto designável, que tem o mérito de ser, um *ente*, para dizer tudo: no vocabulário de Heidegger, diz-se "um ente" ou "o ente" quando se quer nomear uma coisa absolutamente qualquer, para invocar a figura, no final das contas simplesmente lógica, de um "algo" que possui algum estatuto, alguma razão de ser considerado, tendo valor e lugar. Em outros vocabulários, é a palavra "coisa" ou a palavra "objeto" que têm essa função. Heidegger prefere dizer "ente" para lembrar que esse estatuto, esse mérito de poder ser designado como um ente, é pura e simplesmente o de ter parte no ser, de ser *alguma coisa que é* (já cedi muitas vezes a esse uso heideggeriano, no primeiro capítulo). Nessa perspectiva, o homem, como existência, é um ente particular, para o qual ele mesmo "está em causa": é o ente que tem o nome de *Dasein*.

2) ou então "ente" qualifica o que acontece a um ente no primeiro sentido da palavra: está "sendo". O Ser lhe sobrevém como um processo, a um só tempo estranho e fundamental. O ente está exposto ao acontecimento e à aventura do Ser: ele é o "ente", ocupando-se de ser, nele o fato de ser é atestado, desenvolve-se, dá a medida. Acrescentarei ainda inúmeras perífrases para repetir essa mesma ideia: se digo que este cinzeiro é um ente, isso se refere ao pensamento de que algo acontece para sustentar

esse dizer, de modo que uma grande e derradeira narração de tudo deve integrar o episódio que relata a "entência" do cinzeiro, sua travessia convincente da postura ou do acontecimento do ser.

Por conseguinte, considerar atentamente a palavra "ente" nos ensina que esse particípio presente excepcional, por assim dizer, oscila semanticamente, de modo natural, entre a designação nominal de um "algo" em que o ser caiu, decerto carregando-o e testemunhando a seu respeito, mas apenas como um condicionamento lógico, como um rótulo simbólico (o cinzeiro é um ente, pode-se etiquetá-lo assim, porém ele é antes de tudo o cinzeiro "simplesmente"), e o resumo verbal de um acontecimento, de um processo, de um desenvolvimento, que seria justamente o Ser.[3] Assim, a análise dessa ambivalência do particípio destaca naturalmente dois valores: eles se cruzam e se superpõem, qualquer ente acena para o acontecimento de ser que o qualifica como ente, mas, no mesmo movimento, tende a prevalecer sobre essa proveniência ou autorização que detém de tal acontecimento; é de todo anormal e extravagante como a filosofia pode olhar um cinzeiro e se extasiar com o fato de que ele está sendo. Isso ocorre, embora não hesitemos em reconhecer que o cinzeiro é um ente porque, de fato, ele é, ele tem ser.

O pensamento do segundo Heidegger representa todo um esforço para aprofundar essa distinção, refinar incansavelmente a compreensão que se pode adquirir a partir dela e, sobretudo, mensurar sua importância sob diversos pontos de vista. Evidentemente, é por aí que se pode considerar a possibilidade de responder ao discurso de acusação de um Jean-François Revel. Trata-se, portanto, de tornar admissível a legitimidade, a credibilidade, até

---

3. *Étant* pode ser traduzido por "ente" e por "sendo". Ver nota anterior. [N.T.]

mesmo a operacionalidade e a aplicabilidade do pensamento que se aferra em distinguir o Ser do ente.

Acontece então que o alcance dessa distinção entre Ser e ente, que doravante chamarei, de acordo com um uso cômodo, de *diferença ontológica*[4], é essencialmente duplo.

Por um lado, a diferença ontológica é uma chave teórica, embora, muitas vezes, os continuadores de Heidegger na filosofia, seus exegetas e discípulos, e mesmo os que trabalham inspirando-se, em seu estilo próprio, na filosofia heideggeriana, devendo-lhe algo mas sentindo-se livres, ignorem isso mais ou menos completamente. A culpa talvez deva ser imputada ao próprio Heidegger, que, em nome do que chamou de crítica ou superação da metafísica – de que falarei adiante –, ocultou a pertinência teórica da distinção *Ser-ente*.

Por outro lado, a diferença ontológica é uma chave ético-política, que permite a Heidegger definir e pregar certa visão do pensamento, da sociedade, do homem, preconizando certa atitude na história, senão na existência, e rejeitando ou desqualificando outra.

Esse segundo aspecto é geralmente julgado como o mais importante, sendo sem dúvida o que mais conta na recepção habitual de Heidegger. Ainda por cima, é-se facilmente levado a acreditar que é esse aspecto que fornece o acesso mais cômodo para a diferença ontológica, já que diz respeito diretamente ao que todos vivemos, sejamos ou não especialistas.

---

4. Todavia, o segundo Heidegger fala preferencialmente de *duplicidade*. E a formulação *diferença ontológica* é utilizada pela primeira vez pelo primeiro Heidegger em *Os problemas fundamentais da fenomenologia*, decerto a fim de designar a diferença entre ser e ente, mas num contexto em que o Ser não é ainda considerado mais além da essência. De resto, essa formulação, mais conceitual, convém mais a meu tipo de exposição, lembrando em particular, de modo mais estrito, de que se trata, e foi isso o que me convenceu a adotá-la.

Contudo, vou falar em primeiro lugar da diferença ontológica como chave teórica: com efeito, continuo persuadido de que, ao contrário do que se supõe, é compreendendo primeiramente o alcance mais geral e mais conceitual da distinção Ser-ente que se adquire uma justa impressão de sua amplitude, de seus poderes e de seu direito de intervir nos registros "existenciais", "éticos" ou "políticos".

A diferença ontológica como chave teórica

Para aprender, portanto, a pertinência da diferença ontológica como chave teórica, deve-se começar levando em consideração sua contribuição para o campo linguístico. Opor, como faz Heidegger, os dois sentidos de *ente* implica pôr em relevo a função da significação do verbo "ser". Só é possível compreender efetivamente a distinção entre o ente e o acontecimento de ser se se compreende esta última noção, ou seja, se se fizer o esforço de dar um sentido à palavra "ser", sentido este que se procurará parafrasear, talvez sempre de forma inadequada, como fiz há pouco, recorrendo a palavras como "acontecimento", "desenvolvimento", "processo". A significação do verbo "ser" é, na verdade, uma velha questão semântica, não sendo contingente nem negligenciável, porque, como visto nas explicações anteriores, envolve a exata compreensão do que é um substantivo, um verbo e um particípio. Os gramáticos de Port-Royal já defendiam que todo verbo devia ser traduzido por ser/estar + particípio presente, de acordo com o esquema *eu canto = eu sou/estou cantando*. Para eles, o verbo "ser" tinha a significação da cópula, do estabelecimento do elo entre um sujeito e um predicado, significação esta, a um só tempo, essencial a todo funcionamento da linguagem, enquanto estrutura lógica fundamental, e vazia, inexistente em comparação com o valor representativo dos outros verbos e substantivos, encarregados, por assim dizer, da encenação do mundo em toda sua riqueza. Tal concepção da linguagem e de sua semântica foi transmitida ao longo dos séculos e permanece uma concepção de referência para o debate contemporâneo. Autores célebres como Montague ou Chomsky, que apresentaram uma "gramática universal", capaz de dar conta cientificamente do efeito de sentido nas línguas humanas, reassumiram, cada um a seu modo, o ponto de vista segundo o qual a significação do verbo "ser" não tem nenhuma positividade que conte: sua carga semântica se refugia no esqueleto lógico e regulador do sistema da significação. Também em Montague, é explicitamente atribuído à palavra *to be*, na qualidade de conteúdo semântico, o esquema funcional da identificação dos termos singulares correferenciais: noutras palavras, "ser" tem como sentido, de modo absolutamente necessário, afirmar que dois termos têm a mesma designação; a frase "Pedro é o mais astuto do grupo" expressa que o nome próprio "Pedro" e a descrição singularizadora "o mais astuto do grupo" visam ao mesmo indivíduo no mundo, e isso constitui o fundamento de toda a contribuição da palavra "ser" ao sentido.

Porém, essas teorias "eliminativistas" acerca da significação do verbo "ser", independentemente dos serviços que prestaram, não resolveram de modo algum a questão. Atualmente, as pesquisas linguísticas muitas vezes se veem confrontadas e misturadas com o empreendimento das ciências cognitivas, o qual visa, por um lado, à descrição científica do comportamento inteligente do homem como um fato da natureza e, por outro, à simulação técnica desse comportamento (é o que se chama de projeto da *inteligência artificial*). Alguns linguistas, originalmente membros da escola chomskiana, recentemente se esforçaram em reconsiderar de modo radical o problema da semântica linguística, tentando descrever as significações em termos da operação mental subjacente (a "conceituação" que acontece em nós quando formamos frases). Assim, o líder dessa nova tendência, chamada de linguística cognitiva, Ronald Langacker, propõe interpretar todo fato de significação como a encenação de uma figura contraposta a um fundo, que pode ser restituída por meio de um diagrama: segundo Langacker, quando a palavra "mão" intervém em meu discurso, conceituo a mão como se destacando do braço e este como se erguendo em contraste com o corpo; todo pensamento funciona como destacando uma *região* em relação a um *domínio*. Tendo em vista a importância que assim dá à noção de enquadramento, ele é naturalmente levado a atribuir um valor fundamental às conceituações do verbo "ser", em grande consonância com o pensamento de Heidegger. Encontram-se também em seu dispositivo teórico, especialmente na maneira de contrastar os substantivos e os verbos, muitos elementos aparentados com a diferença ontológica heideggeriana.[5]

Em resumo, existem muitas razões para julgar que a diferença ontológica é uma chave importante para os problemas teóricos da linguagem. Na verdade, isso já acontece há muito tempo, e a evolução mais recente dos posicionamentos linguísticos o confirmam. Qualquer reflexão de fundo sobre a linguagem é levada a dizer algo sobre as grandes articulações dos gramáticos, das categorias gramaticais de base: substantivos, verbos, adjetivos, etc. Ora, provavelmente esse posicionamento sempre diz respeito ao que Heidegger valoriza com o nome de diferença ontológica, e se ganharia em sabê-lo, encontrando

---

5. Cf. meu artigo "Différence ontologique et cognition", *Intellectica*, n. 17. *Philosophie et sciences cognitives*, Paris, 1993/2, pp. 127-171.

nessa consciência uma fonte de inspiração. No contexto moderno das ciências cognitivas, essa pertinência teórica da diferença ontológica para o problema da linguagem a conecta a uma das maiores jogadas sociocientíficas da atualidade, a da introdução progressiva de comportamentos maquínicos: para tornar nossas máquinas hábeis como desejamos, ou seja, essencialmente à vontade na linguagem natural, será preciso equipá-las, de um modo ou de outro, com a diferença ontológica?

A pertinência teórica da diferença ontológica pode ser ilustrada de uma segunda maneira. Alguns espíritos verão nisso o essencial, outros, ao contrário, julgarão que a ressonância é mais marginal e não deve ser enfatizada. Quero falar da relação de analogia e afinidade que me parecem entreter, ao longo deste século [XX], as grandes conceituações da física matemática com o esquema filosófico da diferença ontológica: as teorias que tenho em mente são a mecânica quântica, a relatividade geral e a recentíssima teoria das catástrofes. Pode-se observar que as duas primeiras são exatamente as teorias que, no início do século, sacudiram a comunidade intelectual, em nome da subversão do senso comum que traziam.

Conduzido pelo próprio Heidegger, um dos desenvolvimentos filosóficos do pensamento da diferença ontológica é o que faz dele um pensamento da gênese do ente a partir do Ser. Uma vez estabelecido que o acontecimento ou processo do Ser é algo completamente diferente do item particular que, a um só tempo, herda e se inscreve como um ente, é possível representar um vínculo de proveniência de um em relação ao outro. Para chegar a conceber que, mais além desse ou daquele ente particular que nos defronta, o cinzeiro ou a montanha da Floresta Negra, há o acontecimento de seu ser, a aventura que esse ente é, o que lhe acontece e poderia ser nomeado como sua "entência", talvez se deva afigurar que o acontecimento do Ser nos "dá" o ente. Vai-se, portanto, pensar numa dimensão mais além do mundo, na qual teria lugar o acontecimento misterioso mas essencial e incontornável do Ser. Há como que um poço sem fundo, em todo caso sem medida, "atrás" de qualquer coisa, e esse "atrás" não tem necessariamente nenhuma significação espacial. Daí "provêm" todas as coisas, mas no sentido de que nenhuma coisa ilustraria diante de mim a acontecimentalidade do Ser se não guardasse sua estatura de coisa, o fato de estar lá enquanto coisa, colocada pelo Ser. Em alguns escritos, Heidegger chama essa doação de "abertura". Ele conta, de certo modo, que o Ser tem uma dimensão própria, isenta da expansão espaço-temporal da realidade, dimensão esta *a priori* fechada em si mesma pelo simples fato de ser a tal ponto diferente. Porém, diz o relato heideggeriano, ela se abre, e é isso que vale cada ente que nos defronta, é isso que vale nosso mundo de coisas particulares. Embora necessariamente o esqueçamos, de tal modo esse pensamento é desconfortável, somos devedores do sistema "face a face", que baliza nosso mundo em função da generosidade silenciosa e em grande parte impensável do Ser: devedores desse algo a mais não localizado, dessa reserva sem medida que provê a possibilidade do acontecimento de ser.

Diante de tal relato, de tal pensamento, a reação mais natural é a de declará-lo místico, religioso ou coisa pior, no melhor dos casos poético e infundado, impossível de verificar. Em suma, duvida-se da possibilidade de integrar esse relato em algum tipo de racionalidade. Contudo, creio que é forçoso reconhecer três aspectos dessa concepção, os quais a distinguem de uma pura e simples elaboração mística, obrigando aparentemente a ser levada mais a sério:

1) ela se sustenta numa distinção que não me parece que possamos deixar de fazer; como ilustrou a rápida evocação do encaminhamento científico da semântica linguística, é difícil ver como se poderia compreender o que quer

que seja da sistematização das línguas sem conceder um lugar essencial à distinção Ser/ente, como chave teórica da categorização gramatical;

2) ela não contém nenhuma identificação do ator misterioso e a seu modo infinito, por ela introduzido, o Ser; é desse modo que creio se diferenciar do que usualmente se chama de teologia. O Ser nessa história é algo a que sou necessariamente levado a pensar, mas que não tem rosto, nem história, nem mensagem, que nada quer de mim, ao menos em primeira análise;

3) o "papel" atribuído ao Ser, o de nos dar o ente em toda sua diversidade – as coisas –, torna a concepção de conjunto homóloga das grandes teorias matematizadas da coisa e da mudança, quais sejam, as "mecânicas". Como estas, a concepção heideggeriana pretende relatar a simples presença observável, a simples acessibilidade dos fenômenos, dos efeitos, das coisas, um processo que libera um histórico construtível (espaçotemporal, no caso das mecânicas). O que há de "natural" no pensamento de que "o Ser nos dá os entes" é que toda nossa ciência nos leva a imaginar processos sistematizáveis e reconstrutíveis que operam mais acima do que é apreensível por nós acerca de nosso mundo. Sintetizando, a física matemática é um pensamento que funda o mundo e relaciona toda a complexidade dos fenômenos que cobre ao dispositivo por ela introduzido.

Creio que se pode e se deve levar adiante essa terceira observação. Efetivamente, as "novas" mecânicas que desconcertaram o século XX em seus primórdios tendem a proceder a essa fundação matemática do mundo, ao evocar dimensões ocultas em função das quais se explicam as trajetórias e os destinos dos entes que apreendemos "na superfície". Assim, elas compartilham, de fato, com a concepção heideggeriana a ideia de uma *atualização*, de que todo ente provém de uma virtualidade, retirando sua estatura da atualização, em favor da qual ele escapou a essa virtualidade.

A mecânica quântica abrange todo fenômeno mensurável como captura, por meio de um dispositivo experimental, de uma *amplitude de probabilidade* e não de um estado de fato identificado pela medida. O *espaço de Hilbert* fundamental, com cujos parâmetros ela nos convida a identificar os fenômenos de que dá conta, é aquele onde se organizam estranhos vetores, definidos como "portadores de virtualidade", como suportes para a atualização de um conjunto de medições, em vez dos estados cuja realidade essas medições expressariam. A "identidade" desses vetores se deixa determinar pelo modo probabilista em relação aos resultados possíveis das medições. Vale então dizer que a mecânica quântica é fundamentalmente uma teoria da atualização e da virtualidade.

A teoria da relatividade geral – a respeito da qual é preciso saber que persiste até aqui como irredutível à mecânica quântica – parece, à primeira vista, mais próxima da mecânica clássica em sua representação da coisa e do movimento e, portanto, mais afastada da possibilidade de conter um pensamento da atualização, da "vinda à luz do ente". Contudo, observando-se mais de perto, a novidade crucial dessa mecânica relativista radical é a correlação que ela estabelece entre o tensor de curva, ligado à métrica local, e a distribuição de matéria em movimento, "expressa" pelo tensor de energia-impulso. Porém, essa correlação produz uma espécie de perspectiva, segundo a qual a relação em si "profunda" do espaço-tempo, encarnada pelo tensor métrico, dá vez ao ente ou, ao menos, é-lhe ontologicamente inseparável. A equação de Einstein, sobre a qual se diz que ensina como a curva do espaço-tempo *resulta* da inscrição neste das "fontes de gravitação", ou seja, das coisas em movimento, igualmente decreta, com efeito, que a materialidade em sua incidência reiterada não é independente dessa estrutura-tensão do espaço-tempo que é a métrica: uma lei de agenciamento geométrico, que não é propriamente imanente a esse espaço-tempo, já que visa aos vetores de uma dimensão tangencial (entretanto, por assim dizer, destinada a se projetar aí).

A teoria contemporânea das catástrofes, desenvolvida por Thom e seus discípulos, a partir do trabalho matemático e das intuições do primeiro, se apresenta abertamente como uma teoria universal da gênese e estabilização das formas, dando conta da atualização de toda configuração qualitativa durável. Por meio do recurso ao que se chama, na linguagem dessa modelização, de "variedade interna" e de "dinâmica interna", a teoria das catástrofes explica toda afetação local de qualidade em termos de um processo eventualmente impossível de apreender e apenas postulado, mas sempre concebido como análogo, em seu estilo e desenvolvimento, ao que a física matemática descreve e analisa desde a época newtoniana. Com essa extensão da teorização dinâmica até as dimensões ocultas e exigidas para abrigar o conflito entre as qualidades possíveis, e graças à definição de regras de correlação adequadas entre os dinamismos ocultos e os fatos observáveis, a teoria das catástrofes tende a apresentar a organização do mundo em geral como o fruto de uma atualização.

Compreendendo-se ou não em detalhes o que acabo de expor, de modo inacreditavelmente rápido e sucinto – o que dependerá da cultura e do interesse próprio de cada leitor em relação a tais assuntos –, espero que não se equivoquem quanto a meu interesse. Não pretendo dar a entender que a diferença ontológica heideggeriana constituiria uma ferramenta teórica da ciência moderna, sendo mobilizada ou incluída explicitamente nas teorias físico-matemáticas evocadas há pouco. Queria apenas mostrar que as estranhas maneiras de pensar a que obrigam os desenvolvimentos científicos em questão – sabe-se de fato, em todo caso, que cada uma das teorias nomeadas é um desafio para o senso comum e que a razão, ao abraçá-las, não sabe mais claramente em que sentido ela está em continuidade com sua própria racionalidade – estão curiosamente em consonância com o relato igualmente bizarro da abertura, legado por Heidegger.

Mas esse relato é também infinitamente natural; compreendendo-o tem-se o sentimento de que Heidegger ousa formular e fazer tábula rasa de uma ordenação ingênua das coisas, que vem à mente de forma espontânea. Como conceber o ente de outro modo senão como a ocasião e o testemunho de um acontecimento de ser? Como representar a relação desse ente para com o acontecimento que ele testemunha senão compreendendo o ente como dado pelo Ser, ao menos se aceitarmos ceder a nossa vontade de pôr em série, de compreender geneticamente? O que expliquei a respeito de algumas grandes teorias físico-matemáticas atesta que tal ingenuidade também faz parte da ciência. Ao longo deste século [XX], a ciência também se esforçou em decifrar e narrar o real, mais além do simples registro matemático da trajetória das variáveis no imenso teatro do espaço-tempo, bem como em relatar o que é ou a qualidade do que é, numa tendência proveniente de outro lugar (amplitude de probabilidade, tensor métrico, dinâmica interna). Isso ocorre ainda que, para preservar o caráter explicativo da teoria, seja preciso sempre, no final das contas, relativizar esse outro lugar, argumentando que mantém uma relação igualmente matematizável ou, melhor, geometrizável com o plano das coisas e propriedades observáveis (relação de espaço, que diz respeito à variedade, para a relatividade geral; à projeção do espaço topológico sobre a base, para a teoria das catástrofes; à correlação funcional fracamente obrigatória e redução incontrolável do feixe de ondas, para a mecânica quântica).

Isso possibilita afirmar, contra a acusação de vacuidade de Jean-François Revel, que o pensamento heideggeriano da distinção entre o Ser e o ente não é um pensamento de lugar nenhum, isento de relações com o conjunto do projeto de conhecimento, dedução e imaginação racionais da humanidade. Em vez disso, dele se extrai uma figura teórica forte, cuja audácia intelectual é obviamente cúmplice da audácia geral da ciência deste século, a respeito da qual, ademais, sabe-se a que ponto ela foi "concretamente" coroada de sucesso e rica em efeitos. Acrescento que, embora Heidegger não tenha reconhecido formalmente sua afinidade com a corrente vigente do pensamento científico, em parte talvez devido à ausência de distanciamento por causa do excesso mesmo de contemporaneidade, ele deixou provas de que era sensível a esse paralelismo: muitas observações sugerem isso, em vez de negá-lo, e em todo caso não param de demonstrar a não indiferença manifesta de Heidegger em relação a esses assuntos. Lembremos, enfim, que ele conversou durante longo tempo com Heisenberg, de quem foi amigo e que é um dos pais fundadores da mecânica quântica.

Porém, enfim, no contexto deste livro, os comentários anteriores representam, apesar de tudo, um desvio. Meu objetivo primeiro continua sendo o de fazer compreender o conjunto das repercussões internas, no pensamento de Heidegger, de sua visão da diferença ontológica e, especialmente, levar ao conhecimento do leitor o sentimento ou a atitude ético-política inferidos de modo mais ou menos direto por Heidegger com essa visão.

Superação da metafísica e relação "intrínseca" com o Ser

Um primeiro gesto filosófico importante é a identificação do que Heidegger chama de "metafísica" e a concatenação natural dessa identificação ao que se apresenta como a condenação ou a denúncia da metafísica, motivando o apelo a sua *superação*.

"Metafísica" é uma curiosa palavra da língua filosófica. Por um lado, é uma das que servem como emblema para a filosofia na sociedade: os filósofos são pessoas que fazem metafísica. Na maior parte das vezes, ao dizer isso, quer-se expressar aproximadamente que eles se entregam a raciocínios desprovidos de suporte concreto. Por outro lado, a história da filosofia demonstra que há uma espécie de disputa perpétua, imanente ao exercício filosófico, em torno do sentido da palavra "metafísica". Esta, aliás, variou consideravelmente ao longo dos séculos e segundo os autores.

Em seu famoso *Kant e o problema da metafísica*, Heidegger começa recapitulando rapidamente a história das acepções da palavra "metafísica", antes de se deparar com o sentido que lhe interessa e que vai utilizar para ilustrar sua leitura de Kant, apresentando o trabalho do autor da *Crítica da razão pura* como a refundação da metafísica.

Na verdade, esse texto prova que Heidegger retém uma significação bem particular da palavra, creio que bastante em harmonia com a língua do século XVIII. O que autores cultos ou filósofos dessa época chamavam de metafísica de um domínio (por exemplo, a "metafísica dos infinitamente pequenos") é o conjunto das noções e teses gerais que era preciso dispor como subjacentes aos procedimentos em vigor: em termos modernos, o discurso fundacional que a prática epistêmica do domínio em questão exigia.

Heidegger seleciona essa acepção por assim dizer *epistemológica* da palavra "metafísica", traduzindo-a, porém, na linguagem da diferença ontológica. O conhecimento, diz ele, é com toda evidência conhecimento do ente, seu objetivo é adquirir e formular as propriedades regulares do ente. Ora, Kant enfatizou que o conhecimento científico – mas, no fundo, todo mundo sabe disso, antes dele e de maneira independente – não é empírico: não consiste na enumeração do que se pode dizer a propósito do ente, cuja experiência se fez. Muito diversamente, o conhecimento científico "antecipa" toda experiência do ente e declara como verdades necessárias propriedades estruturais, leis e correlações referentes ao ente, as quais ele obtém em instância diferente da experiência e que parece, na verdade, decretar como esforços de reflexão autorizados. Heidegger dá conta dessa orientação da ciência, desse estilo que a leva a enunciar verdades universais, numa autonomia típica a respeito do empírico, permitindo-lhe prever este último na proporção do que ela fundamentalmente antecipou de suas leis, ao apresentá-la como um conhecimento do ente a partir de seu ser. Pretendendo repetir Kant, Heidegger explica que o que é passível de ser conhecido sobre o ente antes de encontrá-lo é não o que acontece de ele ser, seu *quê* determinável, mas uma maneira de ser o que ele é, compartilhada com os entes de sua região. Por trás de cada ente, existe o fato de que esse ente é: seu ser. Mas esse ser se deixa qualificar, tem modalidades genéricas; há modos de ser que afetam os entes e os colocam como aparentados em grandes famílias, as quais Heidegger, baseado em Husserl, chama de "regiões". O saber *ontológico* é o saber do ser do ente, o saber que enuncia e caracteriza os modos de ser que pertencem ao ente regional. Em contrapartida, o saber *ôntico* é o saber que é diretamente saber do ente, de forma típica o saber empírico, *a posteriori*, aquilo que somos aptos a dizer desse ou daquele ente porque o encontramos. Segundo a acepção heideggeriana, a metafísica consiste então em conhecer o ser do ente ou, antes, enquanto profundamente idêntica à ciência, consiste em conhecer o ente a partir do conhecimento que se tem de seu ser, "predizendo" e determinando-o *a priori*. A metafísica é a ciência como ciência transcendental, constituindo o procedimento do saber que passa pelo ser do ente para chegar ao ente.

Nos escritos do primeiro período, em *Ser e tempo* e em *Kant e o problema da metafísica*, Heidegger apresenta, de maneira não polêmica, essa noção da metafísica e o conceito de ontologia que lhe é congenial (a metafísica é a ontologia como via para o saber ôntico). Dá apenas a entender que há um nível absolutamente geral da ontologia de que apenas a filosofia se encarrega e que toda ciência particular, em seus conceitos fundamentais, evita. No entanto, produz-se uma reviravolta, que pretendo agora descrever e que o leva a denunciar a metafísica logo que, com a radicalidade desejada, ele propôs a diferença ontológica.

Doravante, Heidegger diz que pensar o Ser como ser do ente é deturpá-lo, discernindo uma espécie de erro profundo no que analisa como comportamento interessado. A metafísica é, para ele, simplesmente a sistematização ou a radicalização da ciência, a qual confessa abertamente que não tem outro objetivo senão determinar e descrever o ente. Ela pensa o Ser, tal como a ciência, de maneira utilitarista, com a única intenção de circunscrever e antecipar o ente. Porém, para Heidegger, no final das contas, respeitar o Ser em sua diferença para com o ente é pensar e meditá-lo como tal, sem ser obnubilado pelo fato de que é o ser do ente.

Os grandes discursos do que Heidegger chama de metafísica, materializados antes de tudo, para ele, na história da filosofia, sempre produziram uma espécie de metaciência arquigeral, de que se extrai um conceito do Ser propício à apreensão do ser como ser do ente.

Desse modo, a seu ver, o pensamento antigo compreendeu o ser como *presença constante*: o elemento comum a tudo o que se mantém diante de nós como ente seria a permanência de certa disponibilidade; essa avaliação é evidentemente solidária do exercício de um sentido comum teórico e prático, presidindo à manipulação competente dos entes estáveis assim fundados.

Assim, segundo Heidegger, o pensamento kantiano compreende o ser como *posição*: o caráter primeiro de tudo o que vale como ente para nós é que se mantém diante de nós em certa posição, situando-se numa moldura de apresentação. Essa avaliação é evidentemente solidária em relação ao procedimento da física newtoniana, então em pleno vigor e triunfo, desenvolvendo uma descrição capaz de prever trajetórias dos entes "postos" no espaço em que se movem. Portanto, o pensamento kantiano também está interessado, antes de tudo, na compreensão e dominação do ente.

Heidegger interpreta igualmente o pensamento de Nietzsche como sendo de tipo metafísico: ele teria produzido uma compreensão do ser como vontade, segundo a qual tudo o que tem dignidade de ente procede de uma potência, que o carrega e forja, *querendo-o*, ainda que com uma vontade anônima. Para Heidegger, essa compreensão corresponde ainda à perspectiva geral de nosso grande prazer em relação ao ente, do direito de querer nossa vontade a seu propósito e por sua causa, não sendo, a despeito da aversão que Nietzsche professa por algo que também chama de "metafísico", de modo algum e em nenhum momento a marca do interesse por um acontecimento intrínseco mais além do ente, o Ser.

Para Heidegger, pensar o Ser como ser do ente é ainda pensá-lo como *essência* em vez de *acontecimento*. Se concebo o Ser como ser do ente, o que me interessa é o que foi chamado há pouco de *conhecimento ontológico, tendo como fim o conhecimento ôntico*: quero determinar a maneira própria de ser que é a de um tipo de ente em relação ao qual me oriento, para atingir assim um conhecimento universal e antecipatório desse tipo de ente. Vale dizer que conhecer o ser do ente é conhecer as determinações essenciais que, em cada região, caracterizam os entes que aí se podem encontrar. Portanto, o Ser se encontra identificado à essência, e a ontologia ao inventário dos predicados essenciais nas diversas regiões do ser, ao estabelecimento de critérios que permitam julgar todo ente ao se julgar sua região. Por conseguinte, o "julgamento ontológico" será classificatório, de subsunção em termos mais filosóficos, atribuindo a um ente sua região ou os predicados de sua região: tal será um julgamento que corresponde à forma clássica *S é P* (afirmando o predicado S do sujeito P), obedecendo a uma lógica padrão das classes, muitas vezes denominada lógica aristotélica.[6] No caso propriamente filosófico da metafísica, ter-se-á ainda da mesma forma um julgamento ontológico, enunciando a essência do ente: a diferença é que essa essência será expressa por predicados suprarregionais (o conhecimento metafísico antigo dispõe assim, a propósito de cada ente, que ele é *presença constante*). Porém, para Heidegger, o que deve ser compreendido na diferença ontológica é justamente que o Ser é algo diferente da generalidade lógica absoluta ou do elo sintático sem conteúdo: *ser* quer dizer algo, quer dizer "sendo", ser é um tipo de acontecimento ou, antes, o protótipo de todo acontecimento; acontece primordialmente de os entes serem. Conceber o Ser do lado do acontecimento é algo bem diferente de entendê-lo como

---

6. Especialmente pelo autor de ficção científica A. E. Van Vogt, que levanta a hipótese de um "mundo dos não A", no qual essa lógica não seria seguida.

generalidade absolutamente englobante ou como cópula, é, por excelência, não ver a palavra "ser" em sua face lógica. A compreensão metafísica do ser como essência dá, portanto, as costas a essa acontecimentalidade a que se deve prestar atenção, a fim de compreender a diferença ontológica.

Desse modo, começamos a entender melhor por que, segundo Heidegger, o projeto de levar o Ser a sério em sua diferença para com o ente é implicitamente o projeto de não confundi-lo, antes de tudo e primeiramente, com o ser do ente, recusando a atitude da metafísica. Em contrapartida, o que por enquanto ainda se compreende muito mal é o alcance ético-político dessa opção: aparece até aqui simplesmente como tentativa de acrescentar ao conhecimento uma dimensão radical negligenciada, tentativa esta que parece, ademais, ter assumido a física matemática ao longo do século, ou então como a crítica de toda tradição filosófica em sua tendência essencialista e lógica.

Tem-se, de fato, dois modos de tornar sensível a mensagem ético-política heideggeriana da superação da metafísica: seja do lado positivo, dando uma ideia do que é, para Heidegger, "bem" pensar o Ser, por si mesmo e não como ser do ente; seja do lado negativo, mostrando em que mundo histórico Heidegger pensa quando critica a metafísica e em que termos o rejeita.

Comecemos dando uma referência que diz respeito ao segundo ponto. Em sua aplicação histórica concreta, a crítica da metafísica por Heidegger visa essencialmente à dominação da *técnica* no mundo contemporâneo. Na terceira seção deste livro, tratarei de forma totalmente especial o discurso de Heidegger sobre a técnica. Basta por enquanto dizer que, para Heidegger, a "técnica" é a ultimíssima "versão" da metafísica, a forma mais contemporânea da surdez a respeito do Ser em sua diferença. Ela é, portanto, conceitualmente análoga de uma grande tendência da filosofia, embora do ponto de vista histórico se apresente de modo completamente diferente: em síntese, como prática social. Na era da técnica, pensa-se – ou, antes, dá-se a entender, pelo modo de viver e de agir que se adota – que o traço comum a todo ente é se reduzir à forma de se comportar nos agenciamentos em que o homem o insere, de modo que o ente só é determinável em resposta à provocação "experimental" da ciência e da técnica. Essa maneira de considerar o ente em seu ser é a que falsifica de forma mais grave a eventualidade de um pensamento intrínseco do Ser, visto que nos torna absolutamente recalcitrantes a "o que acontece" mais além do homem, a ponto de não mais levarmos em conta senão o que é feito e convocado por ele. Ora, parece que, para Heidegger, pensar o Ser de modo não metafísico é, antes de tudo, pensá-lo em sua exterioridade; é, portanto, de modo correlato, se comprometer em acolhê-lo, em vez de perseguir e provocar o ente. Fustigando o ativismo técnico do mundo moderno, Heidegger se aproxima, assim, da sensibilidade política "ecologista", hoje bem implantada. Essa perspectiva lhe possibilita, entre outras coisas, pincelar um quadro infinitamente crítico e cético do mundo que lhe é contemporâneo, o mundo da guerra fria e da industrialização, no qual confunde em seu vitupério os dois campos. Novamente, proponho-me a falar um pouco mais sobre o antitecnicismo heideggeriano mais adiante neste livro, porém o que já descortinei deve bastar para que se represente como e por que a rejeição da metafísica mantém continuidade, em Heidegger, em relação ao discurso que despreza o presente histórico-político mundial.

Vamos agora à definição positiva da relação não metafísica com o Ser. Heidegger não a descreve num tratado sistemático, mas sim ao longo de vários artigos, por vezes reunidos em coletâneas, como *Caminhos perdidos*[7] e *A caminho da linguagem*[8], ou em cursos finalmente publicados (como *O que significa pensar?*[9]). Emprega a cada vez uma espécie de método estranho e indireto, profético-poético ou erudito-interpretativo segundo os casos, a fim de pôr em cena essa outra relação. Do conjunto desses textos, destacarei os três elementos seguintes:

1) a relação não metafísica com o Ser considera-o como *dom* e *injunção*;

2) o Ser é *linguagem* e a relação não metafísica com o Ser se realiza com a abertura na *fala*;

3) a relação não metafísica com o Ser vê a conexão do Ser com o ente de maneira *topológica* e não *lógica*.

Acrescentemos algumas explicações para tentar esclarecer esses três pontos.

Heidegger não diz apenas que o Ser é o acontecimento que "vive" o ente enquanto é, diz também que o Ser nos *dá* o ente. É porque algo acontece ao ente, a saber, ser, que esse ente se nos mostra. Não poderíamos contemplar a montanha da Floresta Negra, durante nosso passeio apaixonado pela natureza e pelas paisagens, se essa montanha não sustentasse a aventura do Ser. Heidegger consegue reconstruir nossa contemplação da montanha numa linguagem que lhe é própria, sempre mais expressiva, e convergindo para a ideia do dom. Todavia, para conceber que a montanha é dada pelo Ser, é preciso primeiramente imaginar que, sendo, ela sai da ocultação, de certo modo o Ser a subtrai do nada.

---

7. Cf. Martin Heidegger, *Chemins qui mènent nulle part* (1949), trad. Wolfgang Brockmeier, Paris, Gallimard, 1980.

8. Cf. Martin Heidegger, *Acheminements vers la parole* (1959), trad. J. Beaufret, W. Brockmeier e F. Fédier, Paris, Gallimard, 1976.

9. Cf. Martin Heidegger, *Qu'appelle-t-on penser?* (1954), trad. A. Becker e G. Granel, Paris, PUF, 1959.

Na conferência sobre a superação da metafísica, Heidegger comenta a frase de Leibniz: "Por que há algo em vez de nada?". Essa fabulosa frase formula a mais consternadora questão: como poderíamos encontrar uma motivação para a existência do mundo, que imaginamos universalmente englobante? Que há, estando aberta uma arena das coisas, eis uma argumentação derradeira que nenhuma de nossas cogitações consegue transgredir: se "explicarmos" a existência da realidade, será em referência a algo que teremos pressuposto como *sendo*, portanto nossa explicação será circular (no caso de esse "algo" ser Deus é apenas um eminente caso particular). *Que há* parece, portanto, um condicionamento insuperável do pensamento, que não há *nada* parece propriamente impensável. No entanto, Heidegger procede a uma espécie de desvio da questão de Leibniz, dando-lhe mais sentido do que se poderia esperar. Ele está de acordo com que o *nada* é impensável e que não podemos exceder pelo pensamento a argumentação de que *há*, mas ele identifica o *nada* impensável ao próprio Ser, propondo, portanto, tal resposta à questão de Leibniz: que *há* coisas (entes) porque o Ser as dá. O Ser não é como um Deus, não é um suposto ente eminente, um personagem que habita a esfera do ser e aí reina; é esse acontecimento extraordinário, que ocorre em toda parte, fazendo com que toda coisa que é (todo ente) se mantenha no Ser e valha como ente. O Ser não é, literalmente, *nada*, no sentido de que não se confunde com coisa alguma: a diferença ontológica expressa exatamente isso, que o Ser não é nada, não coincidindo com coisa alguma (lembremos que *rien* [nada] é *rem*, "uma coisa", na origem). Portanto, o "em vez de nada" da frase de Leibniz faz sentido, cada coisa deve ser vista como se erguendo do fundo do nada, triunfando sobre esse fundo: mas tal fundo é o próprio Ser, distinto de qualquer coisa, "dando"-nos qualquer coisa, no sentido exato de que ele colore sua qualidade posicional mais originária, ao mesmo tempo que se separa de todo dela, não a "guardando" para si. Por conseguinte, Heidegger lê a locução alemã *Es gibt* dentro desse espírito: ela é a tradução alemã do *há* [*il y a*, em francês], mas, em alemão, *há* se diz *Isso dá*, portanto o *Es (isso)* é, no entender de Heidegger, o Ser e esse ser *gibt (dá)*; "há flores no jardim" é relido como "o Ser dá flores no jardim".[10]

A partir disso, Heidegger chega a dizer e pensar que o Ser é *injunção*, exigindo de nós a assunção fiel de sua doação do mundo. Na verdade, só compreendemos essa segunda parte do primeiro ponto se mobilizamos o segundo: que o Ser é linguagem e que é na fala que ele se dá e o recebemos fielmente.

Com efeito, para Heidegger, as coisas, os *entes* que o Ser nos dá, não são coisas positivistas, objetos materiais bem delimitados, para guardar na gaveta, enquanto se espera o inventário da ciência ou do senso comum. São as coisas que chamamos, em linguagem fenomenológica, de *toda sua plenitude intencional*, ou seja, exatamente tais como as vivemos, acolhemos e integramos em nosso mundo. São as coisas com toda sua textura afetiva, social, mítica, poética e com toda sua carga de pensamento. Pois o pensamento é, para Heidegger, o ato mesmo de acolhida das coisas, enquanto dadas pelo Ser.

Nessa linha de raciocínio, o acontecimento da abertura, por meio do qual o Ser sai de sua reserva e nos dá o ente, é também, de modo típico, para Heidegger, o acontecimento da doação do mundo, de uma *época* da humanidade. Heidegger vê com um mesmo olhar filosófico, por exemplo, o Ser nos entregando a montanha da Floresta Negra, no horizonte de nosso passeio, e a

---

10. A expressão "dá-se" reúne, em português, os dois vetores implicados nesta outra noção de Ser: o do acontecimento e o da doação. [N.T.]

história mundial parindo o período chamado de "Tempos modernos".

Uma maneira de dizer isso de outra forma é enfatizar o "papel" da linguagem no caso do Ser. Quando Heidegger diz que o Ser nos dá o ente, isso acaba se juntando a essa outra ideia que é a denominação das coisas ou, antes, a fala que relata a presença delas, dando verdadeiramente as coisas pelo que valem para nós. A linguagem é desde sempre, embora de forma secreta, a "casa do Ser", ou seja, ela não é senão a consignação da acolhida do Ser no porvir. O que a fala diz, atualizando o poder profundo da linguagem, é a referência do ente pelo Ser, e que, sem cessar, algo acontece, algo do ente nos é dado. Se foi possível entrar no conceito da diferença ontológica, a partir de uma análise semântica da forma do "particípio presente", foi por esta única e exclusiva razão: a linguagem, em sua gramaticalidade, sua estrutura que autoriza enunciações cada vez mais novas, não tem outra finalidade senão testemunhar a respeito do Ser, do dom do ente pelo Ser. Nessa medida, não é mais de espantar que essa referência, que essa abertura seja tanto a da Floresta Negra quanto a de uma época. Com efeito, é natural que consideremos que determinado estado legal da linguagem, determinado uso das palavras e determinada ordenação dos textos consignem toda a atitude de uma época histórica; na verdade, é assim mesmo que o discurso competente da história "constrói" as épocas, a partir do arquivo. Estimamos, com toda espontaneidade, que é a fala sedimentada que nos dá acesso ao mundo. No fundo, Heidegger nada mais faz senão generalizar esse poder que naturalmente se empresta à linguagem, na perspectiva particular da retrospecção histórica: do mesmo modo, a montanha da Floresta Negra nos é dada, no estilo singular da abertura subjacente, por uma fala que faz advir, num só movimento, a "experiência" da não ocultação dessa montanha (seu "encontro") ao Ser e à linguagem. Se presto atenção à fala, lembrando-me da destinação fundamental de tudo o que é linguageiro, a saber, a destinação do testemunho, encontro-me "perante" a abertura, a referência do ente pelo Ser, em todos os níveis ou em todas as escalas em que se situe, do mais englobante da época ao mais circunstancial da percepção.

O tema da injunção pode então ser introduzido. O Ser solicita nossa atenção para com a autenticidade da linguagem, de que se falava há pouco. Heidegger estima que, de certo modo, o Ser solicita ser levado em consideração, em razão do fundamento da abertura que ele é, por meio da linguagem: no limite, a linguagem não é senão o sintoma colossal dessa solicitação, dessa injunção de consideração do Ser, que nos atinge enquanto humanos. A possibilidade de dizer a doação do ente, ofertada pela linguagem, a propensão cultural da linguagem de acompanhar a referência do ente, de testemunhar a esse respeito, é inseparável da injunção implícita de utilizar essa possibilidade, de seguir essa propensão imanente à linguagem, ou seja, ao Ser. A linguagem nos dá nossa base como humanos, determinando nossa situação no mundo e nossa faculdade de pensar, mas ao custo de ou à condição de prescrever a recitação do Ser, de solicitar que relatemos de maneira fiel o que não para de valer, a saber, que o Ser dá.

A relação metafísica com o Ser esquece essa injunção e, de modo correlato, se engana quanto à função ou à razão de ser da linguagem. Ela compreende a linguagem como um sistema que detém, de maneira contingente, uma conexão com as coisas, como um reservatório de denominações, aliado a uma mecânica sintática neutra, que autoriza o acompanhamento de fins indeterminados, por meio da apreensão determinadora do ente. Como um sistema independente e operacional.

Isso possibilita introduzir alguns esclarecimentos acerca do terceiro ponto. Esquecido da injunção de autenticidade que a linguagem carrega, o homem perde de vista a alma da própria linguagem e, no mesmo lance, considera o Ser exclusivamente como ser do ente. No nível conceitual, isso é traduzido por um privilégio atribuído à dimensão lógica. Na reconstrução "metafísica" da pertinência da linguagem, esta sempre é traduzida pela subsunção do ente numa generalidade equacionada ao ser do ente em questão. Portanto, o agenciamento de verdade operado pela linguagem é sempre essa subsunção, a atribuição do universal que convém ao particular, porque este contém logicamente aquele. Ao contrário, a concepção de Heidegger enfatiza:

- por um lado, a cristalização linguageira do acontecimento que a fala é (o fato de a linguagem ter por finalidade testemunhar a respeito do Ser é expresso por seu uso consistir em *palavras*, ou seja, literalmente em liberação de acontecimentos, pois o que são palavras senão um acontecimento que nos vem da linguagem, na qualidade de sua estrutura e de seus poderes mais próprios?);
- por outro lado, a "disparada interdimensional" que a abertura é.

Esclareçamos este segundo ponto, por enquanto reunido numa formulação que alguns acharão enigmática. Já disse que o discurso geral é que o Ser nos dá o ente. Porém, o Ser é decididamente extradimensional em relação ao ente: tal é o ensinamento da diferença ontológica, anunciando que o Ser como acontecimento, como o que acontece, não pode coincidir com coisa alguma que carrega o Ser, com nenhum ente. Com efeito, essa impossibilidade de coincidência tem que ser compreendida como expressão de que o Ser não poderia estar disposto em relação ao ente, inserido em sua geografia e afiliado a uma série de coisas como seu limite, sua resultante, seu agregado: o Ser é definitivamente "outro", ortogonal, retirado em sua dimensão própria. Heidegger diz ainda que o Ser é o sem medida (o ἄπειρον) e que ele se abre no ente, ao mesmo tempo que dele se retira. O Ser é, *a priori*, algo diferente do ente, estando, portanto, fechado em si mesmo e não tendo de certo modo, por si mesmo, nenhum motivo para sair de si. Contudo, ele se abre, anulando sua autarquia e sua autossuficiência e nos dando o ente. Todavia, por assim dizer, apesar de tudo, "lembra"-se de sua alteridade e a preserva, de forma que, no mesmo movimento em que se abre, retira-se, distingue-se do ente que ele dá, ilustrando mais uma vez ou apesar de tudo sua diferença ontológica. Disse anteriormente que esse estranho relato da abertura era análogo ao não menos estranho relato da atualização quântica, pondo em jogo o espaço de Hilbert dos portadores de virtualidade e a redução do feixe de ondas: quando ocorre uma medida quântica, o vetor que representa o virtual do sistema é projetado no atual da medida, mas a equação de Schrödinger do sistema nem por isso deixa de valer e de dominar uma propagação no tempo da virtualidade quântica; essa equação não governa a medição, que se situa fora da física, mas ela sempre "detém" a virtualidade; é, portanto, lícito dizer que a virtualidade quântica se retira em si mesma, ao mesmo tempo que se abre num estado medido. Essa analogia possibilita também compreender em que sentido o Ser é *sem medida*: a medida é sempre a inscrição de um ente numa série ou numa dimensão do ente; a atribuição de um número a um ente na qualidade da medida é uma maneira de conservar a memória de um percurso regulado, que rearticula esse ente numa série do ente. O próprio ser é então sem medida, enquanto desconectado do ente por sua diferença ontológica. Para Heidegger, dizer isso é uma maneira de expressar que o Ser é infinito; e se apoia no que sabemos do sentido da palavra grega ἄπειρον, para nos convencer de que essa visão de uma figura do infinito no sem medida é uma tradição do pensamento.

Dito isto, é possível aproximar o relato da abertura de uma fonte completamente diferente. Com efeito, a Cabala narra a história da criação do mundo a partir da ideia de um "Deus oculto": o Deus inominável da mais pura tradição judaica, esse absoluto sem predicados, a respeito do qual não se pode nem mesmo dizer que exista. Contudo, desse Deus que recebe o nome de *En-Sof* – significando literalmente "infinito" – supostamente o mundo provém. A tradição cabalística denomina *Tsimtsum* a expulsão originária do mundo pelo *En-Sof*, e a narra, ao que parece, como uma contração em si, dando vez, por "contragolpe", à arrancada que é o ato de depor o mundo. Existem diferenças; talvez haja mais tragédia, ruptura, exílio na versão cabalística, mas parece-me difícil não perceber também as convergências.

Qualquer que seja a extradimensionalidade, a ortogonalidade, do Ser em relação ao ente, o Ser se abre e, nessa abertura, entra em contato com a superfície ou o plano do ente. Ele lhe dá abrigo, o traz e se retira a um só tempo, e deixa-o por assim dizer à beira de si mesmo. Estimo que isso pode ser figurado com o seguinte esquema:

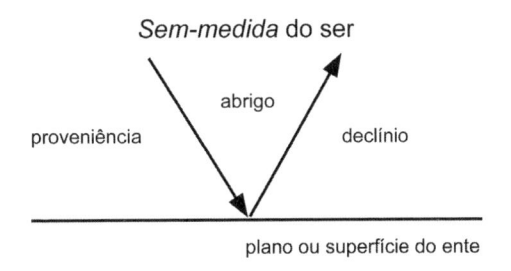

Sem-medida do ser

proveniência   abrigo   declínio

plano ou superfície do ente

Esse desenho mostra, por meio de imagem, a abertura como a "disparada" de uma dimensão na outra. Nele, vê-se o ente depositado em sua superfície pelo Ser e deixado à beira da dimensão excedente do sem medida do Ser. De forma que a relação do ente com o Ser aparece de fato como topológica e não lógica: o ente é depositado pelo Ser à beira de si, como a espuma de uma vaga, em vez de ser o caso de uma generalidade a que o Ser se identificaria. Heidegger enfatizou bastante essa visão "dimensional" da abertura em seu artigo tardio e fundamental "Tempo e Ser"[11], sustentando o ponto de vista topológico em "Contribuição para a questão do ser".[12]

Porém, o esquema que proponho possibilita também chegar ao ponto essencial que é a relação da abertura com o tempo. Heidegger finalmente concebe que, na abertura, é também o tempo que é dado: há uma proveniência e um declínio no "abrigo" que o Ser dá ao ente, o Ser é animado por um duplo movimento em relação ao plano do ente, de acordo com o qual ele "emoldura" o abrigo dado ao ente, o abrigo no qual o ente nos é dado. É isso que meu desenho pretende deixar claro: nele, vê-se bem o abrigo como o interior do triângulo formado pelas duas flechas da proveniência e do declínio; vê-se que esse abrigo, embora tenha "lugar" no Ser, confina o ente, o reúne, de modo que o ente em sua face acessível é finalmente depositado na ponta do triângulo; para terminar, vê-se bem o "ritmo" da dupla tensão da proveniência e do declínio, manifestando o tempo em sua maior profundidade pelo bater elementar da abertura e da obturação.[13] O fundo do tempo se assemelha a um

---

11. Cf. Martin Heidegger, "Temps et Être" (1962), in *Questions IV*, trad. J. Lauxerois e C. Roels, Paris, Gallimard, 1976, pp. 12-51 [Ed. bras.: "Tempo e Ser", in *Heidegger*, trad. Ernildo Stein, São Paulo, Abril Cultural, 1979, pp. 255-271].

12. Cf. Martin Heidegger, "Contribution à la question de l'être" (1956), in *Questions I*, trad. G. Granel, Paris, Gallimard, 1968, pp. 195-252.

13. Essa descrição é, em síntese, a de "La Parole d'Anaximandre" (In *Chemins qui mènent nulle part*, Paris, Gallimard, 1980, pp. 387-449). Em "Le Déploiement de la parole", Heidegger reencontra três tensões que

aparelho fotográfico, mas do lado do objeto, e não do lado da técnica humana.

Façamos um resumo. Na moldura da concepção da diferença ontológica, Heidegger oferece uma nova formulação da temporalização fundamental, dessa doação do tempo que precede a ordenação em linha reta sucessiva dos "agoras". O tempo é redescoberto como se realizando na pulsação da abertura e da retirada do Ser, quando se abre no ente. Além disso, essa noção do tempo convém à ideia do tempo da cultura, visto que, lembremos, Heidegger vê a abertura como o que decreta e governa as épocas da história humana, bem como o que libera o mínimo face a face perceptivo.

Assim, concluo o que pensava ser necessário dizer da diferença ontológica, da distinção do Ser em relação ao ente, com tudo o que expressa e implica. Como já indiquei, esse tema é privilegiado na segunda parte da obra e da vida intelectual de Martin Heidegger, enquanto o tema da existência, exposto no primeiro capítulo, é de certo modo o centro organizador do primeiro grupo de escritos que dele se tem. É, portanto, legítimo indagar qual pode ter sido a unidade de seu pensamento, na passagem de um a outro tema. Embora Heidegger tenha por vezes marcado sua própria evolução, fundamentando a diferenciação de si mesmo, sempre deu a entender e, em certa medida, explicou que era o mesmo caminho de pensamento, a mesma intenção radical que percorria o conjunto de seu trabalho. Como, no nível de penetração das ideias que escolhemos, tornar isso perceptível?

---

correspondem às três ek-stases da primeira problemática: *Gewesenheit* para a recolhida do Ser, *Anwesenheit* para seu vir-junto, e *Gegenwart* para sua guarda do encontro, "o que nos espera voltado para nós e que comumente se chama de porvir", p. 199. Em "Tempo e Ser", ele propõe uma descrição muito próxima, para a qual ele retoma os nomes das ek-stases em *Ser e tempo*: presente, ter estado, porvir.

Visão sintética dos dois dispositivos heideggerianos

Pode-se começar referindo uma analogia evidente. O papel desempenhado pelo Ser no segundo período, isto é, como o de uma instância singular que se distingue de qualquer ente, especialmente de qualquer coisa da realidade, é o mesmo da existência no primeiro período. A existência, segundo o discurso desse primeiro período, tem o ser de um modo bem diferente das coisas da realidade; cabe, portanto, conceber a esse respeito um sistema específico de existenciais, em posição simétrica às categorias que dão conta da realidade. Ao longo do que Heidegger chama de "análise existencial", a existência é concebida no que tem de incomensurável com a realidade. De certo modo, esse ponto de vista culmina na concepção segundo a qual a existência é fundamentalmente um nada que atinge com nulidade qualquer lugar e qualquer coisa. Visto na escala da angústia, da dívida e do *ser-para-a-morte*, o *Dasein* é uma instância anuladora, distinguindo-se de toda positividade do ente, inclusive da própria. Por assim dizer, a "existência" do primeiro Heidegger traz consigo, por antecipação, a "diferença", que o segundo Heidegger atribui ao Ser.

Não há nada de espantoso nem de estranho nisso. Heidegger pode, efetivamente, fazer valer o argumento de que desde o início a análise existencial foi conduzida a serviço de uma pesquisa acerca do "sentido do ser". Em *Ser e tempo*, Heidegger deseja compreender o sentido que para nós o ser possui, declarando-se de pronto estar certo de que a resposta a essa questão é infinitamente importante para a ciência e a filosofia. Saber o que significa o fato de ser, o conceito de ser ou muito simplesmente o verbo ser, essa preocupação intelectual é realmente também a que comanda a alegação da diferença ontológica Ser-ente. De certo modo, a tematização dessa diferença ontológica é a resposta tardia de Heidegger a sua questão de sempre. Quando atacou o problema pela primeira vez, julgou apenas necessário, para chegar a alguma coisa do "sentido do ser", passar pela análise de um ente especial, aquele para o qual ele mesmo "está em causa", a saber, o *Dasein*, a existência. A ideia é, na verdade, de que esse ente, em função de sua maneira bem particular de ser, possui uma perspectiva acerca do que o especifica e das maneiras de ser possíveis em geral: presume-se que o *Dasein* tenha uma compreensão do ser, primordial embora oculta, compreensão esta que, desse modo, importa antes de qualquer coisa explicitar.

No final das contas, todo o procedimento de Heidegger se fundamenta na convicção de que existe um vínculo essencial, no qual também se fundamenta toda compreensão, entre o Ser e a existência. A existência é esse ente por meio do qual ou no qual o Ser se desvela. A compreensão do Ser requer o *Dasein*. Como lugar e ocasião do desvelamento do Ser, o *Dasein* é, de certo modo, marcado pelo Ser, herdando a diferença ontológica em sua estrutura de existente e situando-se em separado da realidade. A continuidade que observamos entre as propriedades "negativas" ou distintivas entre existência e Ser é, portanto, plenamente compreendida.

Na mesma linha de raciocínio, entende-se a "revirada" topológica de alguns aspectos do dispositivo de pensamento de Heidegger. O primeiro Heidegger fala de algo que chama de "transcendência", esse elemento de arrancada, de saída para fora de si, de projeção em direção aos possíveis, inseparável de uma projeção em direção a um mundo, com o que essencialmente se caracteriza o *Ser-no-mundo*. Tal elemento não poderia ser simbolizado de outro modo senão por uma flecha centrífuga, que tem sua origem no centro da existência, inapreensível e indeterminável, visto que a existência é descentramento. Algo como o seguinte:

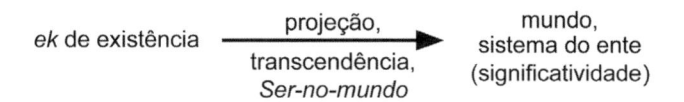

```
                     projeção,              mundo,
ek de existência   transcendência,   →    sistema do ente
                     Ser-no-mundo         (significatividade)
```

No discurso do segundo período, reencontramos uma flecha, mas é a da proveniência voltando-se em sentido contrário à do declínio, no esquema da abertura. Ao estilizar este último, obtém-se aproximadamente o seguinte:

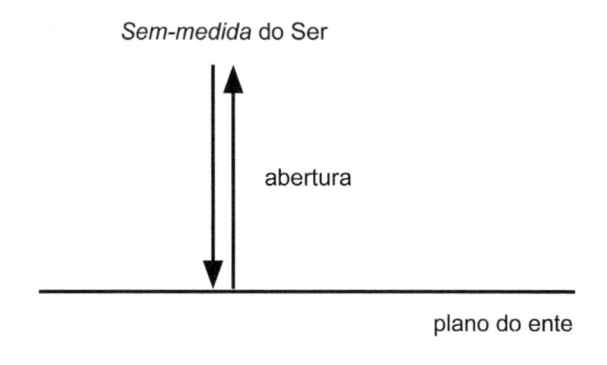

```
Sem-medida do Ser
       ↑↓
     abertura

─────────────────
           plano do ente
```

Pode-se juntar os dois esquemas? Existe uma coerência entre a projeção da existência e a do desocultamento do Ser? Heidegger dá uma resposta positiva a essas questões em seu artigo "Que é metafísica?".[14] De acordo com o ponto de vista a que se chega, a projeção da existência, de certo modo, ecoa a abertura. Ao liberar o ente e se retirar, o Ser faz do homem seu guardião, determinado o *aí* em direção ao qual a existência é conduzida. É por esse

---

14. "Qu'est-ce que la métaphysique?", in *Questions I*, trad. H. Corbin, pp. 23-84, Paris, Gallimard, 1968 [Ed. bras.: "Que é metafísica?", in *Heidegger*, op. cit., pp. 25-63]. A correspondência entre abertura e existência é igualmente exposta em "La Parole d'Anaximandre" (cf. p. 407).

motivo que Heidegger sugere que seria preciso rebatizar como *Inständigkeit* – insistência – a ex-istência como projeção. Ter-se-ia então o esquema seguinte:

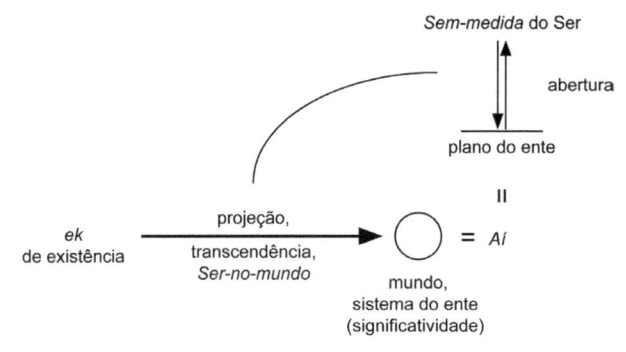

```
                        Sem-medida do Ser
                              ↕
                                        abertura
                              
                           plano do ente
                              ‖
   ek        projeção,        ◯
de existência  transcendência,        =  Aí
             Ser-no-mundo    mundo,
                          sistema do ente
                          (significatividade)
```

Esse novo esquema junta os dois precedentes, pondo em evidência o *Aí* como lugar de convergência das duas descrições de Heidegger e assinalando com um arco de círculo simbólico o fato de a flecha da transcendência ser o transporte e o eco das flechas da abertura (ela ultrapassa a proveniência e dá continuidade ao declínio).

Se se leva em consideração essa junção das duas problemáticas, das duas construções conceituais, dos dois relatos de Heidegger, está-se também apto a compreender o que há de comum entre esses dois períodos, do ponto de vista da análise do tempo. De todo modo, o tempo é compreendido por Heidegger como algo diferente da sucessão de agoras, não se atendo à linha reta temporal do senso comum e da ciência, ao tempo do ente de certa maneira. Seja como for, ele interpreta o tempo em função de tensões temporalizantes, que dão sentido ao passado, ao presente e ao futuro, em vez de confundir essas três determinações como localizações num eixo temporal já dado. O Heidegger da existência identifica as tensões temporalizantes como as ek-stases por meio das quais o *Dasein* realiza seu cuidado e se encontra em seu mundo, tensões estas que, no final das contas, constituem propriamente sua existência. O Heidegger da diferença ontológica relaciona o tempo com as tensões fundamentais da abertura, da proveniência e do declínio ou, ainda, da abertura e da retirada. Nas duas concepções, o passado e o futuro estão juntos contra o presente: o presente aparece como o elemento limite no qual, no primeiro Heidegger, se coloca a questão da autenticidade, bem como no qual, no segundo Heidegger, se insere o evanescente repouso do abrigo do ente. De certo modo, o tempo tem seu enredo essencial na futuridade e na lembrança, encontrando uma espécie de equilíbrio ou de harmonia instável – suscetível de descambar na desarmonia ou no esquecimento – nessa terceira tensão problemática que o presente nomeia. Certamente é concebível pensar que, de alguma maneira, as duas inscrições são a mesma: as ek-stases da existência correspondem às mesmas tensões da abertura, constituindo o adiamento ou o reinício, do mesmo modo que a transcendência pode ser reinterpretada enquanto insistência na abertura, como acabamos de ver.

Falta dizer uma coisa acerca desse assunto do tempo, para coroar e completar a exposição conceitual de Heidegger, que intentei ao longo desses dois capítulos: o que acabou de ser dito sobre o tempo constitui a resposta de Heidegger ao problema do Ser. Pois evidentemente existe uma unidade de toda sua obra, dada simplesmente pela interrogação sobre o Ser.

Para o primeiro Heidegger, a questão é a do sentido do ser, ou seja, ela expressa a urgência de compreender como e por que ser quer dizer alguma coisa e nem sempre a mesma coisa: parte-se, portanto, da bimodalidade "ser como realidade" X "ser como existência", procurando levar a análise até o ponto em que algo esclareça o que torna possível tal disjunção. Para esse primeiro Heidegger, a resposta reside no tempo. A análise existencial revela que o que faz o próprio da existência, isto é, disso mesmo que, em princípio, nos é o mais próximo e o mais familiar, é uma instauração do tempo geralmente desconhecida, porém profunda e decisiva. Uma vez atingido tal resultado, Heidegger pressente que significa, de forma mais radical, que o Tempo é o pai do ser e que as maneiras de ser são ditadas pela instauração ou pela conjunção do tempo, sendo no horizonte do tempo, em suma, que podemos e devemos considerar a questão do sentido do ser e da diversificação desse sentido. Na tentativa de responder a questão, o primeiro Heidegger não vai muito mais longe do que eu neste resumo: contenta-se em referir o mistério do sentido do ser ao tempo, dando a entender, em síntese, que a animação derradeira do tempo dá ao ser sua aparência, tornando-o tal ou qual no modo como se expressa acerca do ente; e também que, se o *Dasein* apareceu, no final das contas, como "trespassado de temporalidade", outra temporalização, mais originária, capaz de fornecer horizonte ao ser, deve possibilitar sua temporalidade ek-stática.[15]

Para o segundo Heidegger, a questão é retomada na perspectiva da diferença ontológica. Trata-se doravante de compreender o Ser em sua diferença para com todo ente, em sua incomensurabilidade para com o ente, a despeito do fato de que o Ser dá o ente e de que o Ser é tendencialmente compreendido no modo ontológico--transcendental como essência do ente. Trata-se de conceber o Ser por si mesmo, de modo intrínseco e, sobretudo, respeitoso. Independentemente de tudo o que disse neste capítulo, para Heidegger a resposta mais rigorosa consiste em proclamar que o Ser é Tempo: a pulsação da abertura e da retirada que nele se realiza é o que faz do Ser o acontecimento de todos os acontecimentos,

---

15. Reúno e reformulo aqui as indicações do derradeiro parágrafo de *Ser e tempo* – o 83.

colocando-o em posição de transcendência e reserva em relação a qualquer ente, a qualquer elemento especial do orbe das coisas. É como Tempo que o Ser se distingue, e é nessa distinção temporal que ele nos dá o ente, as coisas, os mundos onde vivemos, tudo junto com sua trama temporal e, de certo modo, com sua coerência narrativa. O Tempo dá e concede tudo de que os mundos são compostos, tal é o segredo do Ser: de uma só vez, aquilo em cuja perspectiva ele tem um sentido e aquilo em cuja qualidade se distingue, transcendendo a partir de sua reserva. A palavra "acontecimento" conjuga em si todos esses aspectos, comportando, portanto, a caracterização conceitual geral mais adequada ao sentido do ser: tendo em vista tudo o que já expusemos, fica claro que o ente, tratando-se para ele de existir ou de se oferecer ao uso ou ao julgamento, tem que se comprometer com uma acontecimentalidade. Porém, essa palavra guarda também em si o segredo temporal do Ser, o Ser é o transcendente, o sem medida da abertura enquanto nele ocorre o Acontecimento de todos os acontecimentos, a reflexão triangular da abertura e da retirada. É porque esse acontecimento do Ser-Tempo é necessariamente formidável, arquétipo de todo acontecimento, mas por essa razão mesma acontecimento singular por excelência e não conceito de múltiplas instâncias, *nome próprio* em suma, que escrevo desde o início com maiúscula a cada vez que se trata do Ser concebido por si mesmo, de acordo com uma justa compreensão da diferença ontológica. Decerto esse Ser singular possui vários rostos, como a Mobilização de que falarei no próximo capítulo, e que é ele mesmo um nome próprio, mas é único mesmo em cada um desses rostos, em vez de ser declinado neles ao modo de um conceito. Diante de um nome próprio, o artigo definido constitui, finalmente, um paradoxo: digamos que assumimos aqui, com esse modo gramatical, o paradoxo ontológico, no mesmo propósito com que Heidegger introduz a notação S̶e̶r̶ para esse Ser que nada tem de ente, *não sendo* em certo sentido.

Heidegger nomeia como *Ereignis* o dom do Ser, quando o preenche de todos os valores que acabei de tentar explicitar. A palavra alemã significa literalmente "acontecimento", mas Heidegger pede que compreendamos um pouco mais e algo diferente nela. Se, com efeito, o dom do Ser é o Acontecimento de todos os acontecimentos, isso também significa, em certo sentido, que não é um acontecimento, sua contingência não é relativa a escala alguma, não se situando em tempo algum. Para Heidegger, o *Ereignis* é o que concede em si, em sua pluridimensionalidade, o dom do Ser: a afirmação que dá o ente, as tensões que fazem a pulsação profunda do Tempo. *Ereignen* contém, ademais, *eignen*, que significa "convir", "ser próprio a" em alemão. Seria preciso então conseguir pensar essa conciliação das dimensões de forma pura no Ser. Porém, Heidegger na verdade diz que devemos, além disso, conceber que o dom do Ser preserva sua diferença ao se retirar nesse "apropriamento" de si, que é seu assunto. Ora, essa retirada é, ademais – vista do lado do sem medida –, o dom do ente, de forma que dá sentido ao tempo, ao acontecimento no sentido usual. Assim, o tempo aparece duplamente como o segredo do Ser: é, de uma só vez, o que se harmoniza com o cerne da derradeira estrutura singular deste último e o que organiza e qualifica os mundos e os entes que o Ser dá.

Parece-me que essa concepção do *Ereignis* marca a culminação conceitual do pensamento de Heidegger, embora, ao expor, ele se esforce para nos convencer que tal concepção não se deixa apreender na linguagem das proposições e dos conceitos. Isso é argumentado no artigo "Tempo e Ser", em que Heidegger, tomando o devido distanciamento, tenta expressar a solidariedade dos dois grandes períodos de seu pensamento, bem como compreender a unidade de um procedimento que primeiramente o conduziu ao tempo a partir do ser, e em seguida o levou a reconstruir filosoficamente o Ser no horizonte do Tempo.

III
Usos de Heidegger

A diferença decisiva entre um grande pensamento e outro mais convencional é que o primeiro é sempre retomado, com tudo o que isso implica em termos de defasagem, de modificação e de ênfase, até mesmo de verdadeira inovação. Um autor central da filosofia tem sempre seus livros e seus conceitos assimilados por leitores imprevistos: filósofos de outra tradição, de outro estilo, tendo primeiramente outros objetos e temas, mas também eruditos ou artistas, mesmo quando a obra de partida não tocou na estética, nem na epistemologia; políticos, engenheiros, decisores econômicos, comunicadores e, finalmente, o homem comum, para a necessidade de suas discussões habituais.

Nos dias atuais, uma boa compreensão da mensagem de Heidegger passa então também pela visão da diversidade dos usos sistemáticos de seu pensamento, desde logo assumidos. Há um "lugar" de Heidegger na vida intelectual mundial, que se pode tentar descrever em suas grandes linhas, consistindo na exploração de temas heideggerianos em alguns contextos-chave: num certo número de lugares, em torno de certas situações e na ocasião de alguns debates, institucionalizou-se, por assim dizer, um uso de sua obra, a um ponto tal de se esperar de qualquer pessoa que acaso vá a esses lugares, entrando nos debates e aceitando as regras do jogo, que leve em consideração o pensamento de Heidegger em sua incidência particular.

Meu objetivo aqui será dar uma ideia dos usos de Heidegger, como posteridade viva de seu trabalho. Para quem os encontra, cada um deles constitui uma razão de voltar ao cerne de seu pensamento, para se tornar independente das traduções que dele foram localizadamente feitas. Pode-se então dizer que este capítulo poderia igualmente ser lido em primeiro lugar, visto tratar do que se tem todas as chances de encontrar antes do conteúdo dos dois capítulos anteriores. No entanto, a lógica de minha apresentação é falar desses usos somente depois de ter exposto o discurso de Heidegger em sua arquitetura vital, a fim de poder dar o lugar a cada um, medindo sua maneira de se relacionar com essa arquitetura.

Abordarei quatro usos de Heidegger, na seguinte ordem: o uso tecnofóbico, o uso hermeneutizante, o uso historicizante da filosofia e o uso poetizante. Darei conta de cada um na proporção de meu grau de implicação, bem como do conhecimento que tenho. Em qualquer sentido, creio ser importante ter consciência de todos: é a conjunção deles que, a meu ver, produz a melhor imagem do lugar de Heidegger em nossa época.

Contudo, será preciso ainda completar esse quadro, levando em consideração um uso de outro tipo, a que o próprio Heidegger teve acesso, sofrendo com isso: o uso nazista.

O uso tecnofóbico

Sem dúvida alguma, hoje o prestígio mais considerável e o maior crédito de Heidegger provêm do discurso sobre a técnica. Resumindo, Heidegger é visto como o autor que, por excelência, teria percebido a importância fabulosa da técnica para a essência do mundo moderno, discernindo a falha e o perigo do compromisso da história mundial com o projeto ou o processo técnico e esboçando uma crítica da sociedade inspirada por essa teconofobia filosófica. Na discussão sobre o comprometimento de Heidegger com o nacional-socialismo de Hitler, aqueles que mais desejam marcar Heidegger com um opróbrio à altura de seu erro sentem-se retidos pela necessidade que, em outra direção, têm de conservar uma referência positiva em relação a sua crítica da técnica.[1]

O discurso de Heidegger sobre a técnica goza de grande notoriedade porque, a despeito do abuso que pode haver em tal noção, autoriza o desenvolvimento de uma "política heideggeriana". Por meio desta, a concepção exposta no capítulo anterior, a da diferença ontológica, torna-se a mola propulsora de uma atitude política.

Comecemos restituindo o discurso de Heidegger sobre a técnica, tal como se encontra expresso de modo exemplar no artigo "A questão da técnica". Nesse texto, Heidegger quer, segundo seus próprios termos, primeiramente fazer compreender o que é a essência da técnica: por um lado, elucidar o conceito da técnica em geral; por outro, identificar o que há de próprio à técnica *moderna*, a isso que está se apoderando do mundo de maneira irresistível. Essa dupla orientação corresponde a uma ambivalência profunda do discurso de Heidegger: em alguns aspectos, ele é por excelência o autor que nos mostrou a importância da técnica, nobilitando o *fazer* técnico, desvalorizado por toda uma tradição "contemplativa" da filosofia, a um só tempo literária e científica; em outros aspectos, é representativo da tecnofobia comum, do sentimento

---

1. Assim, Alain Finkielkraut tornou público, num curto bilhete sobre o caso da "vaca louca", o desamparo em que se encontrava o pensamento por ter de apoiar sua melhor análise crítica no filósofo que foi atrás da sereia nazista.

"reacionário" das pessoas irritadas diante de qualquer máquina e presas a um amor fiel pela "natureza" ou pela antiga cultura.

Heidegger começa refletindo acerca da relação da técnica com a noção de causalidade. Quer se opor ao que chama de concepção "antropológica e instrumental" da técnica, segundo a qual a técnica é, por um lado, a iniciativa do homem e, por outro, no âmago dessa iniciativa, o recurso a instrumentos e ferramentas que constituem meios. Com efeito, o fato de nós – homens – decidirmos sobre os fins e tratarmos de fazê-los advir confiando em dispositivos instrumentais, ao contrário do que parece, não é o mais importante para a técnica. Em vez disso, o importante é que todo o assunto técnico é fundamentado exatamente no *fazer advir*. O papel da causalidade, no sentido objetivista ordinário, repousa no fato de que simplesmente o advento do efeito é em grande parte suposto na operação da causa eficiente, com que o dispositivo instrumental conta. Mas, na verdade, toda elaboração técnica, em cada uma de suas dimensões, enquanto o homem se atribui um *fim*, encarrega-se de uma matéria, dá uma *forma* a essa matéria, ou joga com a *eficiência* de encadeamentos naturais, sendo orientada para o fazer advir. Heidegger reinterpreta o agir técnico como acompanhamento ou escolta, pelos meios conjugados e dependentes dos quatro modos aristotélicos da causa, evocados há pouco, da vinda à luz de alguma coisa, da "pro-dução" de um resultado pela natureza. Sublinha o fato de que, em toda realização técnica, alguma coisa se passa fora de nós: nossa intervenção finalizada nada mais é do que um elemento de uma situação técnica na qual, de todo modo, é o advento de alguma coisa que é dominante. Heidegger nomeia essa pro-dução da coisa na situação técnica como ποίησις, em grego, a fim de logo nos ensinar que interpreta a generosidade artística do Ser:

> Uma produção, ποίησις, não é apenas a fabricação artesanal, nem tampouco o ato poético e artístico que faz aparecer e dá forma em imagem. A φύσις com que a coisa se abre por si mesma é também uma produção, é ποίησις. A φύσις é mesmo ποίησις no sentido mais elevado.[2]

Desse modo então, Heidegger já virou ao avesso os dois componentes da concepção corrente da técnica: é sempre a natureza que, na situação técnica, traz o produto, independentemente de nossa iniciativa ou intervenção, desfazendo assim a visão antropológica; ao mesmo tempo, a visão instrumentalista é arruinada, visto que qualquer dispositivo é relativizado em relação à potência ou à boa vontade da natureza, que aí atua. Porém, ele restabelece em outro plano algo da função do homem na técnica, descrevendo seu papel em relação ao *desvelamento* do pro-duzir. Com efeito, o que advém na situação técnica sai da ocultação, desvela-se:

> O pro-duzir (*hervorbringen*) somente acontece contanto que algo oculto chegue ao não oculto. Essa chegada repousa e encontra seu *élan* no que chamamos de desvelamento.[3]

A generosidade da natureza na situação técnica consiste em que concede a vinda da coisa visada, ou seja, em que esta pode passar de oculta a não oculta. Motivo pelo qual o pro-duzir na situação técnica deve ser chamado de

---

2. Martin Heidegger, "La Question de la technique" (1954), in *Essais et conférences*, trad. A. Préau, Paris, Gallimard, 1958, p. 16.
3. *Ibid.*, p. 17.

desvelamento. Mas o homem implicado na situação técnica pode ser expresso como aquele que desvela, embora acompanhe o desvelamento: por assim dizer, o homem desvela o próprio desvelamento, tornando-o visível. Daí uma formulação como a seguinte:

> Quem constrói uma casa ou um barco, quem molda uma taça sacrificial desvela a coisa por pro-duzir, seguindo as perspectivas das quatro modalidades do "fazer-vir".[4]

Tudo isso é simplesmente a concepção heideggeriana da técnica em geral. Ele a vincula à ποίησις, julgando que o essencial nisso é um desvelamento testemunhado pelo homem. Percebe-se que essa descrição se aproxima do pensamento da diferença ontológica, exposto no capítulo anterior. Essa impressão se confirma quando se chega ao momento propriamente crítico do discurso heideggeriano.

Com efeito, é preciso compreender essa leitura filosófica da técnica em geral como a leitura da boa técnica ou, antes, como a enunciação de uma verdade da técnica normalmente inacessível no contexto da técnica moderna. O fato é que esta última se encontra sob o poder de uma nova figura, que muda tudo, a do "convocar" (*bestellen*). Qual é, portanto, o elemento constitutivo do "erro" da técnica?

O ponto essencial para Heidegger é que a técnica moderna provoca (*herausfordet*) a natureza, ela a *convoca*, ou seja, aponta constantemente uma parte como reserva (de energia) para outra coisa. Toda a diversidade do que pode ser encontrado recebe assim seu papel, vê-se interpretado como instância para uma circulação ilimitada da energia e do efeito. Estocagem do poder-produzir,

---

4. *Ibid.*, p. 19.

canalização da transmissão, do transporte, o convocar confirma incessantemente que o pro-duzir será sempre provocado, a natureza não liberará desvelamento a não ser quando requisitada. É claro que esse novo estilo da técnica restabelece a primazia ativista do homem, o sentido mesmo da provocação é que o homem se atribui o desvelamento, visto que o estoca e programa. Ao mesmo tempo, o "ponto de vista" da técnica moderna acerca do desvelamento não pode ser limitado ao que quer que seja, aplicando-se também ao ente que é o homem, ao *Dasein*:

> Apenas contanto que, por seu lado, o homem já tenha sido levado a liberar as energias naturais é que esse desvelamento provocador pode acontecer. Quando o homem é levado a isso, sendo convocado, será que não faz parte do efetivo, e de um modo ainda mais original do que a natureza? A maneira como habitualmente se fala de material humano, do efetivo dos enfermos numa clínica, faz com que se pense isso.[5]

O que Heidegger chama de "efetivo" é o ente natural como recurso, energia mobilizável e estocada. A palavra alemã *Bestand*, forjada a partir de *stehen* (estar de pé), designa uma maneira típica pela qual o ente pode ficar em frente de e para nós. Resumindo, a técnica desvela o ente como *efetivo*.

Porém, dizer assim leva logo a compreender que a técnica é um nome ou uma figura do Ser enquanto dá o ente. E essa é, com efeito, a concepção a que Heidegger chega no final de seu artigo, levando-o a introduzir dois novos protagonistas: o *Gestell* e o *Gefahr*. O *Gestell* é a técnica propriamente, como remetente da injunção de

---

5. *Ibid.*, p. 24.

convocar: é a instância que, a um só tempo, reúne em si as múltiplas manifestações do convocar técnico e engaja o homem no "estilo" do convocar em relação ao ente. A edição que cito traduz *Gestell* como *Arraisonnement*[6]: o convocar é Mobilização do ente, nossa descrição esclareceu isso – Heidegger sente a aproximação do ente pela técnica moderna como uma convocação militar –, mas a palavra *Gestell* na verdade nomeia mais exatamente a *Mobilização do homem*, ordenando o convocar. Ao mesmo tempo, o sentido coletivo do prefixo *Ge* em *Gestell* é importante para Heidegger: do mesmo modo que *Berg* significa montanha e *Gebirge*, a cadeia de montanha, *Gestell* nomeia o conjunto do *bestellen* (do convocar), congregando as "convocações" do ente natural num vasto acontecimento único, o da Mobilização que define nossa época da técnica. Desse modo, encontra-se ilustrada essa ideia tão importante de Heidegger, segundo a qual o Ser, uma vez que é concebido por si mesmo e não como ser do ente, não é a essência: a Mobilização é um nome singular da abertura, circunscrevendo uma época e, nesse sentido, reunindo em si a multiplicidade dos casos do convocar, mas não é uma propriedade, tal como se diria no sentido da subsunção de cada máquina ou de cada ferramenta.

O *Gestell* é também o *Gefahr* ou, antes, contém o *Gefahr*: o perigo ou o risco. É nessa visão do perigo que se concentra de fato o sentimento "político" de Heidegger. O perigo é que o estilo do convocar oculte qualquer outra relação com o Ser e com a verdade. É que o ente não seja nem possa mais ser desvelado senão no modo da pro-vocação.

---

6. *Gestell* significa "cavalete", "suporte", "armação", "quadro", "estrutura", "chassis". A tradução como *Arraisonnement* parece se referir à *Gestellungsbefehl*, "chamada às fileiras", "ordem de mobilização". [N.T.]

Em que (ou a quem) o modo da provocação prejudica? Em dois sentidos, que é preciso distinguir, embora se recortem e se recubram totalmente.

Por um lado, o modo da pro-vocação oculta o modo do pro-duzir, da ποίησις. Abordando o ente de acordo com o convocar, ou seja, exatamente tanto quanto o provoca, mobilizando-o como *efetivo*, o homem perde de vista que a passagem do oculto ao não oculto, o desvelamento, se realiza por si mesma, segundo a generosidade do Ser: basta que ele solicite ser acompanhado e celebrado. Assim, o erro da pro-vocação é nos encerrar na atividade, impedindo-nos de participar da verdadeira festa do Ser, para a qual nossa passividade é necessária.

Por outro lado, o modo do pro-duzir é mais original, e o modo da pro-vocação joga com ele, ao mesmo tempo que o oculta. Voltamos aqui à caracterização geral da técnica por Heidegger: é um fazer vir algo, confiado à generosidade do desvelamento, ao produzir da ποίησις. A técnica do convocar continua, "na verdade", na dependência do pro-duzir, cometendo apenas o erro metafísico (político, ideológico) de mascará-lo, negá-lo e tender a esquecê-lo. Reencontramos aqui o discurso sobre a metafísica e a necessária superação. A fim de conceber e descrever o Ser como ser do ente, a metafísica, a cada vez que se realiza numa filosofia de envergadura, começa por compreender o Ser em sua diferença ontológica, em seguida a encobre, restringindo-a a uma determinação essencialista do ente em sua generalidade. Do mesmo modo, a Mobilização ordena que "exploremos" de maneira desavergonhada a maravilhosa faculdade do desvelamento do Ser.

Deve-se então dizer – e isso conta bastante na repercussão desse discurso sobre a técnica – que a ocultação do pro-duzir é considerada por Heidegger como a derradeira aflição da humanidade e que, por conseguinte, a barragem que se opõe ao retorno em direção à significação original do desvelamento é considerada como o perigo extremo. No artigo "A questão da técnica" e em outros textos, ele vê na perda correlata desse recalque – talvez dessa "forclusão" – o mais grave "desamparo" do presente histórico. Parece que Heidegger, no caso, inventou uma dramatização filosófica, certa maneira de convocar seu leitor a situações e dores que ultrapassariam infinitamente as de que normalmente tem mais conhecimento.

Ademais, isso é tanto mais estranho porque o *Gefahr* permanece absolutamente ambivalente. Heidegger cita a fala de Hölderlin, segundo a qual *"Ali onde há perigo também/ crê quem salva"*. Sua visão é de que, efetivamente, no âmago mesmo da dominação do *Gestell*, no cerne mesmo do hábito do desvelamento comandado pela Mobilização, a possibilidade de uma oscilação rumo à origem, rumo ao nascimento da ποίησις é, por assim dizer, indicada. Em parte, isso acontece simplesmente porque a técnica manifesta o desvelamento como prescrito, constituindo uma figura segundo a qual o Ser marca época ao dar o ente de acordo com certo modo. Toda a sensibilidade intensificada em relação à sistematicidade da dominação do modo técnico se refere, portanto, à origem da diferença ontológica.

> É justamente na Mobilização, que ameaça arrastar o homem no convocar como o modo pretensamente único do desvelamento, empurrando-o assim com força para o perigo, que ele abandona seu ser livre; é exatamente nesse extremo perigo que se manifesta o pertencimento mais íntimo, indestrutível, do homem a "o que atribui", supondo-se que, por nossa parte, passemos a levar em consideração a essência da técnica.[7]

---

7. *Ibid.*, pp. 43-44.

A isso pode-se acrescentar que o modo técnico assume a direção diametralmente oposta ao bom modo: a relação com o ente prescrita pela Mobilização é exatamente a que dá as costas ao desvelamento, que tem como fonte e impulso o Ser. De certa maneira, a relação técnica com o ente é obtida por simples inversão, a partir da relação fiel à abertura: a inversão simétrica sendo, no caso, a que transforma a passividade em atividade, em provocação. Por esse motivo, talvez o modo técnico se refira, mais do que qualquer outro que prevaleceu ao longo das épocas anteriores da história humana, ao modo pensante e fiel que Heidegger espera.

Ao dizer isso, tangenciamos a ressonância política do discurso heideggeriano. Efetivamente, é difícil deixar de reconhecer que a "condenação do Ocidente" como vítima da Mobilização se junta, em seu estilo e em alguns conteúdos de sua descrição, à crítica marxista, cuja extrema autoridade e grande influência, ao longo das décadas em que Heidegger escreveu (parece-me que seu verdadeiro refluxo é, de fato, posterior a 1976), seria um engano esquecer.

Sob a rubrica da técnica, não se trata apenas do fato de Heidegger criticar o desenvolvimento planetário das forças e relações de produção, do aparato industrial, isto é, na verdade do capitalismo em seu caráter universal e invasivo, desde logo observado por Marx (este tende a pôr qualquer aspecto da vida social em consonância com a mercadoria e com o ciclo A-M-A'[8]).

Mas também se trata do fato de, tal como o marxismo, Heidegger retratar um erro fundamental da ordem histórica e social, erro este que é uma *alienação*:

---

8. O ciclo A-M-A' é aquele segundo o qual uma quantidade de capital A "compra" mercadorias M, com vistas à venda de um produto acabado por um valor A' superior a A: eis, de modo típico, o encadeamento econômico visto a partir do capital.

literalmente, a Mobilização é uma alienação do desvelamento segundo o pro-duzir, constituindo sua apresentação descuidada e emparedada na falsa ou na não consciência. No modo técnico, o desvelamento se mostra diferente do que, todavia, ele não deixou de ser em profundidade. Heidegger, por assim dizer, elevou à potência ontológica a perversão da manifestação que se chama "alienação", e que o marxismo apresentou como a tara central das sociedades capitalistas.

Não falta nem mesmo em Heidegger a ligação do homem com essa questão da alienação. Com efeito, na *Carta sobre o humanismo*, tal como também sugere noutros lugares, ele explica amplamente que a época técnica, a exemplo da metafísica, de que é na verdade a realização histórica, se equivoca quanto à essência do homem: o homem é determinado, de modo profundo, como o guardião do Ser, tendo sua boa ou justa "essência" na tarefa da compreensão do Ser, o que significa mais exatamente o acompanhamento pensante e poético do discurso em que ocorre a abertura.[9] Porém, em vez de habitar o mundo de forma pensante e poética, o homem se aliena no convocar, na pro-vocação técnica do ente. A alienação do Ser na Mobilização é, portanto, ao mesmo tempo a alienação do homem, algo bem parecido com o esquema marxista.

De forma mais audaciosa, porém, a meu ver, necessária, pode-se mesmo dizer que Heidegger inaugura a seu modo o esquerdismo tardio da história do marxismo. Por um lado, exibe sistematicamente, como vamos rever no final do capítulo, a arte como antídoto para a técnica: por exemplo, no final do artigo "A questão da técnica".

---

9. Cf. Martin Heidegger, "Lettre sur l'humanisme" (1946), in *Questions III*, trad. R. Munier, Paris, Gallimard, 1966, pp. 73-154 [Ed. bras.: "Sobre o 'humanismo'", in *Heidegger*, op. cit., pp. 147-175].

Por outro, articula num discurso polêmico, enfático e fechado, uma condenação absoluta do mundo. Esses dois traços aproximam o tom heideggeriano dos grupos marxistas revolucionários mais radicais, cujo protótipo para mim continua sendo a Internacional Situacionista. Tais grupos também iam buscar do lado da relação "artista" com o mundo o recurso subversivo e invencível para combater a racionalidade dominante: cultivavam igualmente a problemática da alienação, a ponto de representá-la como um aprisionamento de profundidade e eficiência inconcebíveis; para concluir, passeavam pelo mundo e pela lógica de seu devir um olhar de infinito desprezo, distanciado e desencantado. Sugiro ao leitor que leia, dentro desse espírito, o artigo de Heidegger "Superação da metafísica"[10]: na minha opinião, pode acontecer de, ao fechar os olhos, ele ter a impressão de reescutar o porta-voz da revolução derradeira, se ao menos uma vez em sua vida ouviu esse canto de sereia.

O que acabou de ser dito possibilita compreender o uso que pode ser feito dessa parte do discurso de Heidegger. Evidentemente, o mundo em que vivemos continua a ser revolucionado pelo capitalismo, ao mesmo tempo que a credibilidade política *e filosófica* do marxismo, como utopia e como modo de condenação, é doravante nula. Além disso, o desenvolvimento e a radicalização da relação social capitalista, especialmente na forma da anexação ao regime de setores outrora isentos e separados (cultura, comunicação, medicina, ensino), fazem-se acompanhar de uma aceleração sem precedentes da mutação técnica, principalmente doravante por meio da revolução informacional. Compreende-se, sem esforço, que certo espírito de resistência encontre na tecnofobia

---

10. Cf. Martin Heidegger, "Dépassement de la métaphysique" (1954), in *Essais et conférences*, trad. A. Préau, Paris, Gallimard, 1958, pp. 80-115.

heideggeriana o principal apoio intelectual, um apoio que tem o mérito de dispor da sistematicidade e da amplitude de uma "concepção do mundo": a ironia do acaso sendo que, no entanto, Heidegger tinha revelado a sorte das *Weltanschauungen* como sinal do não pensamento de uma época.[11]

Tal é, portanto, o uso tecnofóbico de Heidegger: uma referência a seu pensamento da técnica, que permite, a um só tempo, justificar e cultivar uma defasagem, uma resistência em relação à evolução dominante do mundo, e reencontrar um estilo da crítica absoluta, tal como o do marxismo, cujo correlato necessário era certa visão desesperada da alienação.

De gênero completamente distinto é o uso de Heidegger a que chego agora, o hermeneutizante.

O uso hermeneutizante

Uma posteridade importante da filosofia heideggeriana é a hermenêutica. Como veremos, é, a um só tempo, uma posteridade filosófica no sentido estrito e uma repercussão do pensamento de Heidegger, que atinge, em muitos sentidos, o conjunto do setor das ciências humanas, até mesmo o da literatura, porque o tema hermenêutico pertence verdadeiramente, desde sempre, a essa constelação disciplinar.

Se a "crítica da técnica" é explícita e algo que Heidegger realizou diretamente, de modo que o sucesso mundial de sua pregação é pura e simplesmente um sucesso de seu discurso e de seus temas, a mensagem hermenêutica foi

---

11. Cf. Martin Heidegger, "L'Époque des 'conceptions du monde'" (1949), in *Chemins qui mènent nulle part*, trad. W. Brockmeier, Paris, Gallimard, 1980, pp. 99-146.

desenvolvida depois e de acordo com ele, de maneira livre e inventiva, essencialmente por seu aluno Gadamer e por Paul Ricœur; sendo assim, uma corrente da hermenêutica filosófica não é exatamente uma ideia de Heidegger, por mais que lhe deva.

No entanto, no próprio Heidegger a hermenêutica é argumentada, de várias maneiras e de ponta a ponta na obra.

É por meio dela, primeiramente, que ele se distingue de seu mestre Husserl. Desde o início de *Ser e tempo*, Heidegger informa a respeito de sua intenção de prolongar o empreendimento fenomenológico de Husserl. Declara também a intenção de voltar às coisas mesmas, de concentrar a atenção no modo de como qualquer coisa aparece, valendo como fenômeno para nós. Porém, não concebe o aparecimento dos fenômenos como Husserl: para este, o aparecimento consiste essencial e exclusivamente no fato de o sujeito deter uma vivência; a consciência registra nela mesma a incidência ou a passagem de um conteúdo fugitivo, o fenômeno como *Erlebnis* (vivência), originalmente inserido no fluxo de tais *Erlebnisse*. Para Heidegger, em contrapartida, o fenômeno é originalmente um mostrado-oculto, o que se mostra apresenta-se velado numa compreensão comum, dissimulando tanto quanto manifestando seu teor. Portanto, o fenômeno exige uma explicitação, que parece de fato corresponder ao que usualmente se nomeia como *interpretação*. Heidegger batiza então como *fenomenologia hermenêutica* a fenomenologia que ele instaura seguindo os passos de Husserl, como uma bifurcação significativa em face do que este último havia instituído.

Ser e tempo retorna ao menos duas vezes à hermenêutica. Como dito, isso acontece primeiramente em torno do parágrafo 32, quando Heidegger expõe os existenciais do *compreender* e da *explicitação*. Nessa ocasião, põe em evidencia o fato de a interpretação ser um comportamento fundamental da existência. No sentido heideggeriano da projeção em relação a suas possibilidades, compreender se traduz pela atitude concomitante e correlativa da explicitação, que concebe algo como algo, ou seja, tem acesso ao objeto do cotidiano de acordo com a finalidade que o liga a isso ou àquilo no bojo da rede dos *Zuhanden* (entes "ao-alcance-da-mão" da ocupação existencial). Explicitar quer então dizer, antes de tudo, virar a carta que caiu nas mãos, à mercê de sua ocupação, segundo o que foi lançado. Depreende-se assim, pela primeira vez, em Heidegger a figura do *círculo hermenêutico*: quando concebo algo como algo, reúno silenciosamente elementos cujo copertencimento ao discurso me será possível em seguida declarar, num enunciado que dê conta de minha pré-compreensão do agenciamento. O que compreendo e manifesto em minhas frases, já o pré-compreendi, em minha maneira de passar de um ponto de cristalização a outro, na rede de minha ocupação. Qualquer compreensão que tenho é fundamentada numa pré-compreensão, *pré* porque pré-linguageira e antecipadora, especialmente em relação a minha enunciação possível. Todavia, de forma recíproca, o valor de pré-compreensão da pré-compreensão se refere à compreensão, e Heidegger decifra o comportamento competente na existência ocupada como antecipação do que classicamente é atestado na compreensão, consciente e verbalizada. Ocorre, a um só tempo, enraizamento da significação na existência e semiotização da descrição da existência. Heidegger relaciona essa noção nova e generalizada da interpretação como explicitação muda na existência com a interpretação dos textos, a atividade filológica clássica. Estima que sua noção existencial de antecipação da compreensão no *conceber algo como algo* esclarece a noção de *preconceito* na leitura e interpretação dos textos, tornando especialmente plausível e necessário o fato de ser sempre por meio do preconceito que os textos são entregues ao intérprete erudito: este não deve tratar essa circunstância como uma limitação da pertinência de sua prática.

No parágrafo 63 de *Ser e tempo*, Heidegger dá à hermenêutica um sentido absolutamente geral. O que há para ser compreendido é sempre o ser de um ente, o sentido que se vincula a sua maneira específica de se dar, de se mostrar ocultando-se. A compreensão procede sempre a partir de um *primeiro projeto* do ser desse ente, sempre já antecipamos esse ente como dispondo desse ou daquele estilo, tal como formulações disponíveis testemunham a esse respeito. O trabalho hermenêutico do pensamento consiste em deixar o ente em questão tomar a palavra, tendo como pano de fundo essa pré-compreensão, em deixá-lo refutar ou revogar na medida exata em que é legítimo fazer dele a estrutura, na qual o primeiro projeto tende a acolhê-lo. Desse encaminhamento, que é também um pôr à prova, resulta uma explicitação segunda, suscetível de apreender da maneira mais adequada e originária o ser desse ente: a enunciação de um segundo projeto desse ente. Na verdade, Heidegger apresenta esse procedimento como o que ele próprio seguiu na interrogação do ser do *Dasein*, sustentando com muita exatidão que a passagem da compreensão do *Dasein* por meio do *há* para sua compreensão por meio do *ser-para-a-morte* corresponde a essa forma do encaminhamento hermenêutico. Nessa visão mais metodológica da hermenêutica, que faz dela não mais o comportamento típico da existência, mas a via por excelência da investigação pensante, Heidegger reencontra e reafirma o círculo hermenêutico. Dessa vez, este consiste em que devo sempre pressupor que já detinha a compreensão de algo num primeiro projeto, numa familiaridade primeira para com o ser do ente referido. Não posso "resolver" os problemas do pensamento senão supondo-os, na verdade, em certo sentido já resolvidos. Essa exposição do círculo hermenêutico o aproxima, como observou Bernard Stiegler[12], do paradoxo do Mênon de Platão, segundo o qual nada posso procurar: nem o que conheço, porque não preciso mais procurá-lo, nem o que não conheço, porque nem mesmo posso visá-lo. Acrescentemos ainda que, no contexto desse parágrafo 63, Heidegger discute abertamente a correção lógica do círculo, admitindo que esse círculo seria inconsequente se fosse colocado na ordem da administração da prova, ou seja, se a pré-compreensão fosse considerada como premissa *lógica* da compreensão. Mas não é nada disso; o apoio que toma a compreensão na pré-compreensão não é lógico – seria, antes, da ordem de uma inspiração –, de modo que, ao contrário, o círculo hermenêutico dá a medida da abordagem correta, porque autêntica, de uma interrogação acerca do ser de um ente.

Em "De uma conversa da fala", um texto da coletânea tardia *A caminho da fala*[13], Heidegger retorna a todo o uso que faz do motivo hermenêutico, desde *Ser e tempo*, infletindo seu discurso acerca da hermenêutica de tal modo que esta aparece, no fundo, como traço característico do pensamento, entendido no sentido mais nobre e radical. Efetivamente, como expõe a obra *O que significa pensar?*[14], o pensamento é acolhida do Ser em sua diferença ontológica, entendimento da fala como o que faz ressoar essa diferença, ao articular o modo segundo o

---

12. Cf. Bernard Stiegler, *La Technique et le temps: la faute d'Épiméthée*, Paris, Galilée, 1994, pp. 107-111, e Bernard Stiegler, "Ce qui fait défaut", in "Transmissible" "Intransmissible", *Césure*, n. 8, M. Fennetaux e J.-M. Salanskis (orgs.), Paris, 1995, pp. 235-278.
13. Cf. Martin Heidegger, "D'un entretien de la parole" (1959), in *Acheminements vers la parole*, trad. F. Fédier, Paris, Gallimard, 1976, pp. 85-140.
14. Cf. Martin Heidegger, *Qu'appelle-t-on penser?* (1954), trad. A. Becker e G. Granel, Paris, PUF, 1959.

qual o ente nos é referido. De certa maneira, o que tinha sido dito nos parágrafos 32 e 63 de *Ser e tempo* é assim repetido, mas na nova moldura geral adotada por Heidegger, que impõe ao dispositivo da existência, como já descrevi no final da seção anterior, uma espécie de rotação e de reviravolta. Haverá sempre encaminhamento de uma pré-compreensão para uma compreensão, porém, doravante, a pré-compreensão não constitui mais o explicitar a existência ou o primeiro projeto do ser do ente assumido pelo pensamento, ela é o primeiro entendimento da abertura, depositado na fala. O encaminhamento é então descrito como o do homem fiel à abertura, deixando ecoar a fala em si de acordo com as suas associações e as relações semânticas: estas testemunham a respeito da significação mais original e crucial do modo da referência do ente, significação esta sempre consignada na fala em que se realizou. Como em *Ser e tempo*, esse encaminhamento conduz a uma nova fala, a uma nova enunciação. O ambiente diferente da reflexão heideggeriana faz com que essa nova enunciação, a exemplo, aliás, da que a lança e a vincula, tenha alguma chance de ser poética – ou, no mínimo, de ser uma retomada inspirada da fala grega antiga. A julgar pelos exemplos que Heidegger fornece, o próprio encaminhamento é uma sucessão de saltos lexicais, de um a outro motivo-chave, ditado por considerações ou perspectivas, a um só tempo etimológicas, conceituais e poéticas. Em todo caso, o que é fortemente marcado nessa nova apresentação da hermenêutica é o próprio do pensamento: este é determinado autenticamente como o que é pelo Ser, pela abertura, e nomeado em "De uma conversa da fala" como o-que-é-hermenêutico e, em *O que significa pensar?*, como o-que-mais-dá-a-pensar. A hermenêutica é, portanto, um predicado que passa do Ser ao pensamento, no sentido de que o pensamento não é senão a guarda do Ser, como sua diferença. Ela é o atributo do pensamento como fiel e não mais apenas como comportamento típico da existência ou método da interrogação filosófica das essências.

Foi esse complexo de avaliações convergentes, cada vez mais celebrando a hermenêutica, que Hans Georg Gadamer recebeu como herança. Ao mesmo tempo que continua o trabalho de Heidegger, afirmando-se abertamente como seu devedor no cerne do dispositivo conceitual, Gadamer mudou o aspecto da hermenêutica: fez dela o nome de uma filosofia ou, no mínimo, de uma grande orientação da filosofia, comparável, desse ponto de vista, à dialética. Em sua obra-mestra *Verdade e método*[15], tendo como pano de fundo noções heideggerianas, pintou toda a cultura humana segundo a chave hermenêutica. A arte não é material para consumo artístico, é a expressão e compreensão do mundo, indefinidamente retomada numa *performance* representativa, que é o jogo estético mesmo. As ciências humanas não podem ser senão o estudo dos modos segundo os quais a mente se vinculou a perspectivas e significações: cada época determina um pertencimento dos sujeitos que a atravessam a um sistema de antecipações, as ciências humanas representam a tentativa de reencontrar e experimentar essas formas de coerência, a partir daquela em que habitamos, pois a *Zugehörigkeit* (o pertencimento) é incontornável e não tem fim. Na terceira seção de *Verdade e método*, Gadamer destaca a figura da linguagem e da literatura como derradeiro modo de abarcar as coisas humanas. Extraindo as consequências do segundo Heidegger, enuncia que o Ser é linguagem e a vida, compreensão situada, compreensão de um *Dasein* que pertence à época. Ao mesmo tempo, enfatiza a ideia de que o compartilhamento

---

15. Cf. Hans Georg Gadamer, *Vérité et méthode* (1960), trad. É. Sacre, Paris, Seuil, 1976.

dessa relação linguageiro-literária com o Ser, na humanidade, é circulação dialogal da questão e da resposta: reencontramos e reescutamos incessantemente as questões que são o rastro do Ser, entregando nosso pertencimento com as respostas transmitidas, a fim de relançar, por meio da assunção loquaz da tradição, essas questões em toda sua transcendência e profundidade.

Gadamer define também certa vocação da filosofia. Faz dela a grande testemunha da cultura, da sujeição do homem à profundidade questionadora do Ser na cultura, de acordo com um regime ou uma forma que são crucialmente os do diálogo, da escuta fiel e despojada da fala de outrem. Tudo isso passa também pelo reconhecimento do fechamento linguageiro, a que estão relacionados todo pensamento e toda fenomenalidade. Pode-se dizer que Gadamer transmutou a mensagem heideggeriana, aliviando sua parte revolucionária e tenebrosa, a do combate contra a metafísica. No mesmo lance, completou-a com uma ética do diálogo e da escuta respeitosa de outrem como questão.

Depois de Gadamer, a hermenêutica filosófica conheceu um sucesso considerável, não tanto em torno desse humanismo, mas, antes, de certo modo como filosofia do conhecimento relativo.

Efetivamente, ao longo das últimas décadas apareceu uma espécie de estranho consenso mundial acerca da impossibilidade ou da caducidade de qualquer dogmatismo ou fundamentalismo quanto à verdade. A ideia que parece prevalecer e se instalar como evidência é que não haveria, a respeito de nada e em nenhum campo particular, princípio de legitimação suscetível de ser explicitado e ter autoridade universal: nenhum discurso canônico a partir do qual derivar toda verdade, todo bem, toda beleza. Isso parece hoje ser óbvio no que diz respeito ao registro estético, embora durante muito tempo tenha-se julgado diferentemente, mas a convicção de que o domínio ético tampouco seja governado por um corpo de leis ou de intuições nomeáveis se impôs de forma geral, à mercê, a um só tempo, da evolução dos costumes e do direito nas sociedades modernas, com o impulso de alguns grandes pensamentos, entre os quais evidentemente o de Nietzsche. Enfim, o desenvolvimento contemporâneo levou inúmeros espíritos ao sentimento de que, independentemente da potência operacional da ciência e da coerência e genialidade desses pontos de vista que são as grandes teorias científicas, essas teorias, em sua pluralidade e encadeamento histórico, imprevisível, aparecem, antes, como apostas ou interpretações, como expressão da verdadeira estrutura do mundo, obtida por meio de um método uno e reconhecido.

Diversos sintomas traduzem essa atmosfera de deslegitimação. Um dos mais recentes e significativos é a confissão de fracasso do projeto originário da filosofia analítica[16] por alguns de seus melhores especialistas: segundo Putnam, verifica-se ser tecnicamente impossível enunciar, no modo lógico, o critério ou a regra da correspondência das palavras às coisas. Daí resultam, justamente, concepções como as de Quine e de Putnam, segundo as quais a verdade da ciência é sua coerência, de modo que a própria ciência aparece como projeção geral de sentido empiricamente correlacionada com o mundo, isto é, no fundo, uma interpretação.

Segundo a vontade de historiadores críticos das ciências, como Kuhn, não seria nem mesmo possível igualar, sem precaução, a ciência a *uma* interpretação: ela se

---

16. Chama-se assim o conjunto da filosofia que se desenvolveu na Inglaterra e nos Estados Unidos, principalmente dando prosseguimento aos trabalhos pioneiros de Frege e de Russel na virada do século XX: é uma filosofia que privilegia a análise lógica da linguagem, esforçando-se para inserir todos os problemas clássicos nessa moldura.

manifesta de preferência como promoção sucessiva e eventualmente paralela de conceituações que emolduram e são logicamente incomensuráveis – por ele chamadas de *paradigmas* –, isto é, como um fluxo ou uma dispersão interpretativa.

Todo um conhecimento segundo dos discursos, de suas pressuposições, de suas conexões históricas e ideológicas, que emanam das diversas ciências humanas e das modalidades filosóficas que as acompanham, põem em cena incessantemente o pensamento e o saber como proliferação de decretos, os quais configuram o mundo e as ideias sem referência a princípios transcendentes ou transcendentais: desse modo, especialmente a moderna "sociologia das ciências", que pode reivindicar a paternidade filosófica de Michel Foucault, convence seus leitores a cada dia quanto à relatividade interpretativa da significação e do saber.

Nessa configuração de conjunto, em que se encontram, misturadamente, a arqueologia foucaultiana, a desconstrução derridiana, o pensamento pós-analítico de Rorty, Quine e Putnam, o nietzscheismo como doutrina que faz da vida uma incansável potência de perspectivação e de interpretação, além da corrente filosófica encarnada por Gadamer e Ricœur, a hermenêutica aparece, segundo as palavras de Vattimo, como uma espécie de *língua comum* do pensamento contemporâneo[17], expressando e resumindo a decepção quanto aos fundamentos. De fato, quase todos os autores evocados se referem explicitamente à hermenêutica, o mais das vezes na acepção heideggeriano-gadameriana.

Eis, portanto, para onde leva o segundo uso de Heidegger: à formulação erudita e profunda do destino de relatividade do pensamento ou da falta constitutiva dos

---

17. Cf. Gianni Vattimo, *Éthique de l'interprétation*, Paris, La Découverte, 1991, p. 7.

fundamentos. Pode-se suspeitar que o que possibilita ao pensamento herdeiro de Heidegger dominar assim a arena do relativismo ou do antifundacionalismo é seu caráter universal e fundador, o que tenderia a sugerir que a era da decepção do desejo totalizante e da afirmação triunfante da incomensurabilidade das interpretações entre si, e em relação a qualquer critério, não chegou realmente.

Seja como for, e até para dissipar esse equívoco, se tal dever ser julgado assim, seria indispensável discutir frontalmente as teses heideggerianas sobre a hermenêutica: nesse sentido, o pensamento de Heidegger se tornou no mínimo incontornável.

Nada mais direi sobre esse segundo uso, o qual consiste no desenvolvimento de uma corrente da hermenêutica filosófica, cooperando de maneira determinante para o antifundacionalismo contemporâneo.

O uso historicizante (da filosofia)

Um grande motivo do apego da comunidade profissional da filosofia à obra, ao pensamento e à pessoa de Heidegger é a maneira como contribuiu para se dedicar ao exercício da *história da filosofia*. Alguns motivos podem aqui ser úteis, para esclarecer de que se trata.

A disciplina histórica é bem conhecida, sendo celebrada e praticada em todos os lugares; as nações e as políticas sabem a que ponto precisam de homens que conheçam e compreendam a história. O ponto de vista da história é universal, possibilitando ser aplicado especialmente em todo aspecto ou dimensão da vida humana. Existe, se se quiser, uma história do casamento, da infância, da morte, uma história da bacia mediterrânea, uma história do direito, das religiões, das técnicas. Também as ciências têm uma história, apaixonante para os que se lhe dedicam ou dedicaram.

Justamente com a noção de história das ciências as coisas começam a se complicar. Com efeito, até que ponto uma história das matemáticas pode ser uma história como qualquer outra, apoiando-se na compilação de documentos públicos e "contando" os acontecimentos e sua solidariedade, por assim dizer, do exterior, sem referir sua matematicidade? Na verdade, distinguem-se cada vez mais:

1) uma história das ciências *externalista*, que fotografa a evolução histórica das ciências a partir do exterior, como faria com outras atividades, mantendo-se atenta aos modos de organização social e de institucionalização, à demografia e à instrumentalização, à interação com os fenômenos históricos, que cercam a ciência em causa;

2) e uma história *internalista*, que se quer de fato história do conceito científico no âmago da ciência a que pertence; essa história acompanha o rastro da caminhada de inteligibilidade numa ciência, procedendo à releitura das memórias sucessivas, ao longo das quais essa ou aquela grande ideia foi conquistada. Retoma por conta própria a perspectiva e os critérios de racionalidade da ciência cuja história traça, esforçando-se em construir o tempo do conceito, o tempo do *trabalho do conceito*, se se quiser, no recinto da ciência considerada: tenta explicitar o contexto nocional de seu aparecimento, o encadeamento de influências, de divórcios e refutações de que provém, as sistematizações a que se vincula ou que suscita. Essa história dita internalista não é mais uma história no sentido banal do termo: em especial, não se liga mais do mesmo modo à cronologia usual, podendo considerar Clifford como precursor imediato de Einstein, em vez de contemporâneo de Hamilton, ou então Demócrito

como quase-contemporâneo de Rutherford em vez de ancestral de Lavoisier.

Contudo, mesmo essa história internalista ainda se distingue nitidamente da ciência cuja história escreve: compreende-se sem esforço que se confunde com a *filosofia* dessa ciência. De fato, na França a preferência habitual dos meios legítimos em relação à história internalista das ciências corresponde à ideia de que a boa história de uma ciência deve ser, igualmente, a reflexão filosófica dessa ciência, do mesmo modo que, aliás, sustenta-se nos mesmos meios que não há boa filosofia das ciências sem meditação histórica do arquivo científico.

O caso singular da filosofia é que sua história internalista é efetivamente interna, no limite não se distinguindo dela. Ou, ao menos, há toda uma tradição filosófica, a que se chama geralmente de continental e cujo grande mestre recentemente desaparecido é Heidegger, a qual vê o exercício da história da filosofia como um componente essencial da filosofia. O próprio da filosofia seria o acesso a suas luzes e mesmo sua renovação passaria pela rememoração inspirada e estrutural do que foi dito, pela compreensão fina e profunda das múltiplas solidariedades e ressonâncias que foram estabelecidas de ponta a ponta do *corpus* secular de que é guardiã.

Para ser mais exato, a história da filosofia regula a filosofia de três formas simultâneas:

Em primeiro lugar, fornece em grande medida seu conteúdo ao ensino da filosofia: o que se divulga nas aulas de filosofia, no liceu e na faculdade é o conjunto histórico dos sistemas filosóficos consagrados, com seus elos e rupturas.

Em segundo lugar, constitui o denominador comum da identidade social do filósofo, tal como a instituição filosófica francesa a controla, especialmente por meio dos concursos e dos recrutamentos (um professor auxiliar de filosofia é alguém que demonstrou uma compreensão e uma mestria satisfatórias da história da filosofia; um filósofo que obtém um cargo é eleito como pesquisador ou professor-pesquisador porque fez uma tese que aprofunda o saber da história da filosofia acerca desse ou daquele autor).

Em terceiro lugar, como componente central da filosofia, tende também a definir o lugar de seu progresso mais decisivo: os discursos mais facilmente celebrados como avanços da inteligência filosófica serão os que revolucionam o olhar retrospectivo sobre as obras e as ideias.

Um aspecto importante da posteridade do pensamento de Heidegger é a maneira como se encontra "casado" com essa figura, exemplarmente francesa, mas não obstante universal (com validade, no mínimo, em toda parte onde a filosofia continental continua sendo professada, mas conjeturo que a jovem tradição analítica, se ainda não o fez, a descobrirá em breve). Esse "casamento" deve ser observado em diversos níveis.

Primeiramente, existe o fato inegável de que naturalmente o pensamento de Heidegger encontrou de modo extraordinário uma aplicação fecunda na história da filosofia. *Ser e tempo* não é decerto uma obra de história da filosofia, embora nela se fale com certa acuidade de Descartes, Kant ou Hegel: é, com toda evidência, uma obra estritamente imaginativa, que propõe novos conceitos, palavras e relatos, e meu primeiro capítulo visava a ecoar sua contribuição no nível da pura invenção ideal. Porém, as perspectivas ou noções desenvolvidas por Heidegger foram utilizadas pelo próprio autor na restituição de grandes pensamentos que o precederam, a cada vez de acordo com o triplo projeto de manifestar sua coerência, de destacar seu elemento mais próprio e de exceder seu ensinamento mais precioso, por meio de um prolongamento judicioso.

O que provavelmente há de mais notável a esse respeito é o trabalho de Heidegger sobre Kant. Dispomos ao menos de quatro obras de Heidegger que são livros sobre Kant, aproximadamente no todo ou de modo exclusivo: *Kant e o problema da metafísica*[18], volume que mais desejou ser assim, porém igualmente o curso de onde se origina (*Interpretação fenomenológica da "Crítica da razão pura" de Kant*[19]) e cursos quase exclusivamente dedicados a textos ou a problemas kantianos, tais como *A essência da liberdade humana*[20] e *O que é uma coisa?*[21]

Forçoso é reconhecer que Heidegger demonstrou em seus escritos que, por exemplo, não há incompatibilidade real entre a pesquisa filosófica e o retorno do comentário acerca do pensamento recebido. Seus escritos sobre Kant são universalmente saudados, a um só tempo, pelas luzes que lançam na compreensão do filósofo e pela importância na elaboração e aprofundamento dos temas propriamente heideggerianos. Classificá-los como modalidade menor do exercício do gênio heideggeriano não faria nenhum sentido.

Na verdade, Heidegger utilizou a linguagem do ser, do ente, da existência, da transcendência para reformular com as próprias mãos os dispositivos conceituais de vários autores da tradição continental. Em tratados ou em artigos, decifrou e reconstituiu para nós Duns Scot, Nietzsche, Aristóteles, Platão e Hegel, para citar alguns. Fez isso com o mesmo sucesso que acabo de evocar em

---

18. Martin Heidegger, *Kant et le problème de la métaphysique* (1929), trad. A. de Waehlens e W. Biemel, Paris, Gallimard, 1953.

19. Martin Heidegger, *Interprétation phénomenologique de la "Critique de la raison pure" de Kant* (1928), trad. E. Martineau, Paris, Gallimard, 1982.

20. Martin Heidegger, *De l'essence de la liberté humaine* (1982), trad. E. Martineau, Paris, Gallimard, 1987.

21. Martin Heidegger, *Qu'est-ce qu'une chose?* (1962), trad. J. Reboul e J. Taminiaux, Paris, Gallimard, 1971.

relação a Kant (todavia, talvez nunca no mesmo grau que nesse exemplo – previsivelmente excepcional).

Desse modo, ele definiu um programa implícito de releitura para justificar grandes autores, leitura esta que, contudo, os reconduz sempre à história da metafísica. Acontece que, no fundo, Heidegger também teorizou a congenialidade entre a história da filosofia e a filosofia. Para ele, a filosofia é a disciplina que coloca a questão do Ser, assumindo-a. Assim, sua história se identifica à da metafísica: todas as filosofias explicitaram versões do ser do ente e, além do mais, o fizeram na dependência da compreensão do ser como presença constante, suscitada pelos gregos desde o início. A história da filosofia é, pois, o mesmo que a rememoração pela filosofia de sua alienação na metafísica, conjugada à espera apaixonada da abertura de um novo caminho, do aparecimento de uma nova figura do pensamento que se ligaria ao Ser por si mesmo, não merecendo talvez mais o nome de filosofia. Heidegger encontra, portanto, a história da filosofia não apenas no que ela operou com excelência, mas também no sentido de que ele formulou uma justificação filosófica da centralidade da história da filosofia.

O resultado é o que chamo de uso historicizante da filosofia de Heidegger, cujos principais aspectos descreverei rapidamente.

Por um lado, o precedente heideggeriano legitima a "escolha" da história da filosofia em inúmeros autores contemporâneos. Considera-se previsível e normal que uma nova obra de filosofia seja, ao menos em parte importante de seu conteúdo, a proposição de uma nova leitura de um autor ou mesmo de uma inflexão significativa numa leitura anteriormente concebida. O "efeito Heidegger" na matéria consiste mais exatamente em que não é apenas a venerável Sorbonne – em sua suposta inércia – que induz tal estilo da criação filosófica: quando se inscrevem na continuidade da pesquisa fenomenológica heideggeriana, as "forças vivas" da inovação adotam a mesma modalidade discursiva.

Segundo aspecto: a história da filosofia atual é profundamente influenciada por Heidegger em suas teses e temas. Ao lerem os textos com que trabalham, muitos autores buscam o mesmo gênero de esclarecimentos que Heidegger produzia ao tratar de Kant ou de Aristóteles. Em particular, o procedimento que consiste em "situar" um pensamento na "história da metafísica" se tornou, senão um ritual obrigatório, ao menos uma opção frequente, quase decorosa.

Terceiro aspecto: o conhecimento erudito de Heidegger tende a se tornar um pressuposto técnico da história da filosofia. O especialista típico de um autor é aquele que, a um só tempo, o conhece de cima a baixo e detém, com bastante competência e profundidade, a "luz" heideggeriana para propor uma restituição histórica da filosofia desse autor que satisfaça às exigências implícitas e momentâneas do gênero. Essa anexação tendencial da história da filosofia pelo olhar heideggeriano é verdadeiramente efetiva apenas em graus diversos, estando sua autoridade na dependência de cada autor. O caso mais representativo é o dos estudos husserlianos, os quais, até onde sei, quase nunca são conduzidos de maneira notória e reconhecida por especialistas que "preferiram" a fenomenologia husserliana à heideggeriana; isso tende a se afirmar não apenas na França.

Gostaria de acrescentar ao que foi dito um complemento institucional, também como forma de correção. O vínculo da história da filosofia com a filosofia é mais antigo do que Heidegger, havendo motivo para ser independente dele, como expus em parte há pouco. Em certa medida, corresponde simplesmente a um estilo filológico e interpretativo da filosofia, que ela assumiu ao se unir, cada vez mais ao longo dos dois últimos séculos, às disciplinas literárias e, de forma mais geral, ao que se chama de "ciências humanas e sociais". A instituição escolar e universitária da filosofia defende e transmite o exercício da história da filosofia de maneira espontânea: por assim dizer, de acordo com a lógica de uma afirmação identitária. Num certo nível do debate social de conjunto ou das figuras contemporâneas da pesquisa, essa opção se associa com a herança heideggeriana, a ponto de com ela se confundir. Porém, num nível mais íntimo e regulador, as coisas se passam diferentemente. Em especial, Heidegger continua sendo um autor a respeito do qual não se ensina ou quase nada se ensina nas *khâgnes* e *hypokhâgnes*, sendo tampouco recomendada sua utilização "aberta" nas dissertações de concurso, quer se trate da entrada nas Escolas normais superiores, quer do acesso ao corpo da *agrégation*.[22] Heidegger é percebido como um autor excessivamente contemporâneo e controvertido, no final das contas talvez insuficientemente escolar e seletivo para fornecer às provas da formação universitária alimento comparável ao que proporcionam Platão, Descartes e Kant. Desse ponto de vista, a relação entre Husserl e Heidegger bem poderia ser invertida. Com efeito, uma das evoluções atuais da filosofia institucional francesa parece ser a admissão de Husserl no bojo do patrimônio do que se pode ensinar, ocasionando matéria para exercício e seleção. Os principais sintomas são, por um lado, o fato de ter sido recentemente inserido, pela primeira vez, no programa da *agrégation* e, por outro, a escolha de se fazer uma dissertação

---

22. *Grosso modo*, no sistema de ensino francês, a *hypokhâgne* e a *khâgne* são as classes preparatórias literárias para admissão na Escola Normal Superior, correspondendo respectivamente ao primeiro e ao segundo ano de preparação. O concurso da *agrégation* serve para recrutar professores que lecionarão no liceu, o nosso ensino médio. [N.T.]

sobre Husserl se apresentar hoje como uma das opções mais em sintonia com a ambição universitária.

Esse uso de Heidegger é, à primeira vista, completamente interno à filosofia, distinguindo-se com isso dos dois anteriores bem como do seguinte. Creio, todavia, que esclarece seu pensamento de modo essencial: com o distanciamento, mesmo pequeno, de que dispomos, vemos que, de fato, um dos lances fundamentais desse pensamento é a identidade da filosofia, o rito de sua transmissão e a capacidade de continuar senhora de sua história contra todas as intrusões, sociais e disciplinares.

O *uso poetizante*

Última modalidade da herança heideggeriana com configuração própria, ao menos a que sou sensível o bastante para me interessar aqui: a que consiste em se instalar na fronteira entre a arte – ou a literatura, a poesia – e a filosofia, para se dedicar a algo que, no fundo, não seria a arte propriamente dita, nem a filosofia no sentido clássico, ainda que fosse a filosofia estética, mas, "antes", o *pensamento*, na figura que o segundo Heidegger privilegia.

Ao evocar anteriormente "A questão da técnica", tive a oportunidade de dizer que, no final desse artigo, Heidegger tinha em vista a contribuição da arte para evitar o *Gefahr*: com efeito, a arte constitui para ele um recurso contra o *Gestell*, contra a injunção do convocar que nos prescreve a pro-vocação como única relação com o desvelamento, fazendo-nos esquecer a outra modalidade mais passiva, a da acolhida do pro-duzir, igualmente nomeada ποίησις – termo bastante significativo. Heidegger pensa, em síntese, que a poesia ou que a literatura, como poética, de acordo com sua propensão originária, inclina-se para a boa relação com o Ser, tornando possível a compreensão fiel da abertura: ela faz por merecer essa generosidade que dá figura a qualquer coisa, especialmente a nossa postura de humanos. Têm-se todos os motivos para pensar que a superação da metafísica que ele aguarda consiste essencialmente numa refundação da vida humana em torno do modo "poético".

Refletindo bem, parece-me que é preciso analisar a instauração da cumplicidade entre poesia e pensamento em três níveis: político, registrando a possibilidade de certo uso revolucionário de Heidegger; filosófico, elucidando a noção heideggeriana de *vizinhança entre pensamento e poesia*, que tem sua incidência, a um só tempo, no campo filosófico e no campo literário; estético propriamente dito, evocando uma tendência contemporânea da recepção e da interpretação das obras, que reivindicam ou podem reivindicar a herança de Heidegger.

No que diz respeito ao nível político, contentar-me-ei na verdade em reinserir Heidegger no contexto do radicalismo e da desesperança pós-marxistas, especialmente alemães. A opção de buscar na arte o que faltava na antecipação marxista de uma mudança revolucionária do mundo, de procurar desatar o impasse teórico e prático da primeira esperança, fazendo um desvio pela arte foi, para dizer a verdade, uma opção comum na Europa no decorrer dos longos anos de desencanto inconfesso que se seguiu ao aparente sucesso de 1917. Parece que a escola dita austromarxista, a de Marcuse, Horkheimer, Adorno, a que decerto seria preciso acrescentar alguns outros que minha cultura imperfeita me leva a reconhecer, por um lado, manteve a herança hegeliana do marxismo e, por outro, pôs sistematicamente em relação a liberdade subversiva da arte e a emancipação, cuja perspectiva o marxismo traçava (sem negligenciar, ademais, o lastro de desejo e de pulsão dessa liberdade).

Na qualidade de segunda faceta da mesma conjunção, evocarei em seguida a emergência de grupos que têm uma motivação artística de primeiro plano, mas que são reconhecidos pela intenção geral de superação da sociedade mercadológica e capitalista, formulada pelo movimento marxista: no começo do século, o surrealismo, o letrismo, mais próximo de nós os grupos de onde nasceu a Internacional Situacionista, o *Cobra* e o "Movimento por uma Bauhaus imaginista". Finalmente, essa "sensibilidade" ganhou corpo num movimento social em certos aspectos clássico, o movimento estudantil de Maio de 1968, como ficou especialmente claro na França; mas creio que uma estimativa similar poderia ser feita a propósito de outras experiências paralelas – por exemplo, a americana.[23]

A meu ver, o interesse paradoxal que pode haver em lembrar tal contexto é que, a despeito da convergência estilística, afetiva e mesmo parcialmente temática de Heidegger em relação a essas correntes, ele continua sendo-lhes absolutamente estranho. O anúncio da superação da metafísica é pronunciado por um homem solitário e senil, retirado em sua casa e nas florestas em torno, pouco inclinado a procurar na aliança com outros as vias da mudança social. Até onde sei, permanecerá indiferente em relação à crítica marxista. Enfim, o pacto com a arte ou com a poesia que pretende realizar ou que preconiza não está voltado para algo como a intensificação estética da vida, a introdução da entropia do moldar artístico de todo real na cotidianidade. Muito pelo contrário, Heidegger parece ter recusado por antecipação tal orientação em sua crítica de Nietzsche. Parece ser autoevidente para ele que qualquer mobilização política em grande escala depende ainda da Mobilização e que o

---

[23]. Ousaria dizer que restava ainda algo dessa conjunção na referência ao "Mudar a vida", de Rimbaud, que o programa socialista assumia até 1981.

radicalismo estético colabora implicitamente com a interpretação do Ser como vontade, prejudicando a acolhida do dom e da injunção. Contudo, penso que, ainda nos dias atuais, existem espíritos, por vezes os melhores e mais preocupados com a verdade, que se apegam a Heidegger em razão da sobrevida que ele proporciona ao idealismo estético-marxista, pela estrutura mesma de desprezo de seu discurso em relação ao mundo moderno, tal como expliquei no início deste capítulo.

Quanto ao aspecto filosófico da cumplicidade do pensamento e da poesia, o essencial já foi exposto. Para o segundo Heidegger, o importante é que o Ser nos mantém, dando-nos todo ente. Faz isso, porém, identificando-se de certo modo com a poeticidade mesma da linguagem. A linguagem dá vez à fala e a fala é o desdobramento mesmo de onde emana o espaço de jogo espacial e temporal, em que qualquer coisa pode se manter. Heidegger chama *Die Sage* (a Dita) a fala enquanto tal concessão do ente. Essa *Dita* é ainda o acontecimento mesmo da *proximidade* mais originária, constituindo o que põe a caminho todos os caminhos, abre qualquer região, tornando relativos os entes e as dimensões, ao colocá-los face a face: o espaço e o tempo em certo nível, o Céu, a Terra, a divindade e o homem noutro nível, o pensamento e a poesia enfim. A afinidade que a *Dita* – segundo Heidegger – promove entre pensamento e poesia tem algo a ver com o fato de ambos serem modalidades ou qualificações do dizer. Segundo suas próprias palavras:

> O que é feito agora da vizinhança entre a poesia e o pensamento? Encontramo-nos sem voz, entre dois modos inteiramente diferentes do dizer. No canto (*Lied*) do poeta, a palavra aparece como o que mergulha, com todo sigilo, no espanto. A meditação pensante, atenta à relação entre "é" e a palavra que nada

tem de uma coisa, ocorre perante algo de memorável, digno de ser pensado, cujos traços se perdem no indeterminado. Ali, o que espanta, num dizer cuja realização é canto; aqui, o que é digno de pensamento, num dizer quando muito determinável e em todo caso não cantante.[24]

Contudo, o que Heidegger chega a conceber é que, no nível da *Dita*, dessa doação que é fala e conduz o jogo para a apresentação de qualquer coisa, uma vizinhança é instituída entre esses dois "modos completamente distintos" do dizer. Ao mesmo tempo que os opõe, essa vizinhança os emparelha.

Conceitualmente, o nó do pensamento com a poesia me parece ser para Heidegger o seguinte.

O pensamento está atento à correlação entre o dizer e o que é, ao problema digamos da verdade, mas daí segue-se que não lhe pode faltar o "valor" de ser ou o valor quanto ao ser da fala como tal. Confiando na fala para a tarefa infinita de explicitação, o pensamento perde qualquer controle possível sobre a potência de explicitar própria à fala, a qual ela mesma provavelmente não se presta à explicitação, permanecendo, portanto, para o pensamento como uma indeterminação "memorável". Quanto à poesia, aparece antes como o que recebe a fala enquanto fonte e elemento do *espanto* e, muito simplesmente e antes de tudo, como acontecimento. O que o pensamento não consegue desvelar, o que não pode ser explicitado da potência de explicitação da fala, a poesia oculta e realiza, fazendo disso o ímpeto de uma admiração. Mas essa descrição vê o pensamento e a poesia como

---

24. Cf. Martin Heidegger, "Le Déploiement de la parole" (1959), in *Acheminements vers la parole*, trad. F. Fédier, Paris, Gallimard, 1976, pp. 141-202; pp. 179-180, para a citação.

situados por um dom do acontecimento que lhes é anterior, motivando-os a ambos. Esse dom é a *Dita*, como fala do desdobramento, liberação do espaço e do tempo de jogo da apresentação.

Será que essa concepção contém o programa de uma colaboração entre pensamento e poesia? Parece-me que sim, a julgar, a um só tempo, pela intenção e pelo uso do próprio Heidegger, além de algumas reincidências de seu discurso.

Primeiramente, Heidegger, em seus escritos mais tardios e, de modo singular, em "O desdobramento da fala", que acabamos de explorar, constrói seu discurso a partir do comentário de um texto poético. Talvez seja preciso dizer que faz os maiores esforços para que a chegada de sua ideia à linguagem filosófica pareça emanar, num sentido difícil de discernir, da compreensão do texto poético, de sua ressonância persistente no ouvido de quem lê e relê. O que Heidegger quer, em síntese, é que a confrontação com o texto poético seja a via de uma "experiência com a fala", e não que a habilidade filosófica cole seu verbo ao poema, como se expressasse, claramente e pela primeira vez, o pensamento. Em princípio, a "passagem" ou a transmissão que garantem a "experiência" com a fala, assegurando que, ao menos uma vez, a filosofia se submeteu à prova do autêntico-que-resiste, deveriam se realizar diretamente a partir do espanto ou do segredo poético, na eloquência formuladora da filosofia. Heidegger expressa sem rodeios a recusa de ver o comentário funcionar como tradução reveladora do poema:

> Para nós, contudo, a questão deve continuar intacta: estamos aptos a nos engajarmos como é preciso nessa experiência poética? O perigo permanece de exigirmos em demasia de tal poema, ou seja, que lhe

> tragamos pensamento em excesso, fechando-nos a ser tocados pela movimentação do poético.²⁵

Ou ainda:

> Falamos sem cessar da fala quando só falamos aparentemente *sobre* ela, enquanto já, a partir da fala e nela, deixamos que expresse ela mesma seu desdobramento. Por esse motivo, não é possível interromper prematuramente o diálogo iniciado com a experiência poética, que ouvimos – interrompê-lo, repreendendo assim o pensamento por não deixar a poesia tomar a palavra, e fazer com que tudo aconteça do lado do caminho do pensamento.
> É preciso correr o risco de percorrer em todos os sentidos a vizinhança do poema e da estrofe final em que se reúne.²⁶

Dentro do mesmo espírito, pode também acontecer de Heidegger fundamentar a meditação na contemplação loquaz de um quadro: desse modo, o artigo "A origem da obra de arte" se esforça para obter o exato pensamento do que é uma coisa por meio de um longo comentário acerca dos sapatos representados por Van Gogh em uma de suas telas.

Se essa cooperação é real, ou seja, se estabelece uma verdadeira dependência da filosofia em relação aos documentos poéticos, que são os suportes das "experiências" apresentadas, ou se, na verdade, o discurso heideggeriano permanece de forma imutável no regime filosófico mais clássico, convertendo a cada vez os documentos em esboços de pensamentos discursivos e relacionando-se com

---

25. Martin Heidegger, "Le Déploiement de la parole", op. cit., pp. 156-157.
26. *Ibid.*, pp. 174-175.

eles apenas como um extrato da história da filosofia, é algo no fundo difícil de julgar. Em todo caso, mesmo na segunda hipótese, Heidegger inaugura, com seu procedimento, ao menos um estilo novo, talvez uma nova área para a filosofia. Pode-se estabelecer uma analogia com o caso em que a filosofia adquire uma diferença específica de filosofia das matemáticas, muito embora seja verdade que ela reflete sempre do mesmo modo, retirando do texto matemático um conteúdo filosófico, o qual em última instância segrega sua matematicidade. Ademais, pode ser que, nesse caso, seja legítimo falar, por vezes, de uma "experiência do pensamento com a matemática". Parece-me, portanto, que Heidegger marcou época no gênero filosófico ao introduzir em suas espécies um tipo de análogo poetizante da epistemologia.

Acrescentaria que, dessa maneira, ele pode também ter marcado época indiretamente no campo poético. Alguns poetas, e não dos menores, sentiram que o procedimento de Heidegger lhes abria um espaço intermediário entre filosofia e poesia, permitindo-lhes seja agregar ao exercício poético um exercício filosófico nele inspirado, em torno dos temas heideggerianos, seja até mesmo fazer valer como poemas alguns escritos de feição reflexiva. Parece-me que Yves Bonnefoy seguiu essa direção.[27] A amizade de Heidegger com René Char possivelmente contou para dar crédito, do lado poético, a essa "vizinhança colaboradora". Com "A experiência de pensamento"[28], Heidegger nos legou um texto que habita mais a vertente poética da vizinhança.

Finalmente, terceiro aspecto do uso estetizante, é possível compreender as "experiências" conduzidas

---

27. Desse modo, sinto como ligado a Heidegger seu "Les Tombeaux de Ravenne", in *Du mouvement et de l'immobilité de Douve*, Paris, Gallimard, 1970, pp. 19-39.
28. Cf. Martin Heidegger, "L'Expérience de la pensée" (1954), trad. A. Préau, in *Question III*, Paris, Gallimard, 1966, pp. 17-41.

por Heidegger nesse ou naquele suporte artístico como normas implícitas para a crítica e a interpretação das obras. O uso que Heidegger faz de Hölderlin, Trakl, Stefan George ou Rilke definiria o que deve ser uma leitura percuciente dessas poesias, até mesmo das poesias em geral. Tal maneira de ser herdeiro de Heidegger corresponde a uma das opiniões constantes da crítica literária, regularmente expressa e defendida por alguns dos protagonistas do debate sobre essa crítica: a opinião segundo a qual a boa crítica literária é a filosófica, ou seja, a crítica que extrai o conteúdo filosófico das obras. Como disse, tal não é a intenção de Heidegger em suas "experiências". Porém, na medida em que, no entanto, o que ele faz se deixa assimilar por esse modelo, não se mostrando, em todo caso, inexoravelmente rebelde a tal assimilação, e na medida em que a procura de tal modelo existe, torna-se um prolongamento de seu traçado entregar-se hoje a uma leitura filosófica das obras informada pelo dispositivo conceitual heideggeriano.

A essa escola implícita da interpretação ou da crítica das obras reagem então com virulência as escolas que, ao contrário, reivindicam certo *internalismo* dos comentários. Essas exigem, por exemplo, que a crítica literária aceite deixar-se controlar e, em certa medida, exclusivamente inspirar, pela rede de significação efetivo-histórica que a razão filológica constrói.

Num artigo recente[29], muitíssimo estimulante quanto às questões aqui abordadas, Denis Thouard, em debate com leituras mais ou menos heideggerianas da poesia de Celan, recrimina-lhes o fato de se mostrarem

---

29. Cf. Denis Thouard, "Une Lecture appliqué – Gadamer lecteur de Celan", in *Poésie et pensée, Atelier 7*, J.-M. Mouillée (org.), Villeneuve d'Ascq, 1966, pp. 41-58.

inteiramente incapazes de dar conta da imposição de uma nova norma do sentido que, segundo ele, uma grande poesia necessariamente representa.

Em todo caso, tudo prova que, com a vontade de instaurar e de habitar uma margem da vizinhança entre pensamento e poesia, Heidegger fez nascer toda uma constelação de práticas intermediárias e de modos de receptividade sobredeterminados.

O *uso nazista*

Difícil concluir este livro sem evocar aquilo que todo mundo comenta, constituindo hoje talvez a mais ampla notoriedade de Heidegger: o compromisso histórico com o hitlerismo. Todos sabem que Heidegger aderiu ao NSDAP [partido nacional-socialista] antes da Segunda Guerra Mundial, tendo mesmo aceitado responsabilidades universitárias atribuídas pelo regime nazista e pronunciado alguns discursos públicos, em que reverenciava o voluntarismo hitlerista em favor da Alemanha. Sabe-se igualmente que, no final das contas, tomou distância do poder nazista, mas que nunca julgou ser útil, depois da guerra e depois que o direito de ensinar lhe foi restituído, enunciar à luz do dia ou escrever o que quer que seja a respeito da exterminação dos judeus da Europa.

Será que, no caso, se trata de um "uso" do heideggerianismo, como o título de minha seção dá a entender? Em todo caso, se fosse assim, tratar-se-ia primeiramente de um uso a que o próprio Heidegger se entregou, e não de um enriquecimento ou de uma extrapolação sobrevinda mais além e independentemente dele.

Dito isto, saber como se deve responder à questão colocada há pouco é justamente o foco do litígio no debate acerca do que se pode chamar de "o caso Heidegger".

Decerto há pessoas que, em razão do afeto pelo pensador que Heidegger foi, tendem ainda a negar que se possa simplesmente imputar-lhe um conluio real com o regime nazista, a despeito dos fatos que acabei de relatar: para elas, uma interpretação suficientemente benevolente reduz a adesão ao NSDAP a um mal-entendido, a participação como "notável" no regime nazista a um comportamento inevitável ou comandado, e o silêncio do pós-guerra a um incomensurável respeito. Creio ser inútil discutir com essas pessoas: provavelmente o melhor que se pode fazer é indagar-lhes o que sobra como objeto de amor em Heidegger, uma vez que o isentaram a tal ponto. Isso pode ser feito sem estar certo de não ouvir como resposta que, ademais, Heidegger está imunizado em sua estima e afeição contra a figura de homem perdido, de sujeito aterrorizado e de coração incapaz de expressar sua vergonha e horror, figura esta que foram obrigados a compor para dela defendê-lo.

Todavia, para a maioria a quem a questão diz respeito, trata-se de saber se a adesão de Heidegger ao nazismo, independentemente do grau e da consequência, foi de certo modo, de sua própria parte, um uso do pensamento. Trata-se de saber se, ao se inscrever no partido, ao assumir as funções de reitor, ao pronunciar os discursos e ao guardar mais tarde tal silêncio, ele comprometeu o próprio heideggerianismo – antes de tudo, o dispositivo de ideias que destaquei ao longo dos dois primeiros capítulos.

Porém, no final das contas, essa interrogação atinge também os usos de Heidegger que acabei de passar em revista. Se o pensamento de Heidegger tem um uso nazista, se por assim dizer nos foi historicamente passado com tal uso, será que isso não lança o opróbrio nos outros usos, primeiramente considerados como "positivos"? Sendo mais explícito, segue-se daí que a condenação do domínio da técnica sobre o mundo moderno estaria secretamente afiliada às concepções nazistas – e que talvez os grupos que a retomam por sua própria conta correm o risco de seguir um destino nazista —; segue-se também que a hermenêutica "à la" Heidegger e Gadamer, ao proibir o exercício responsável da razão crítica, favorece o obscurantismo e o tradicionalismo, constitutivos do lastro do nacional-totalitarismo; segue-se, ainda, que a predileção pela história da filosofia ligada a Heidegger não passa de uma máquina de guerra para proteger uma atividade universitária das regras da racionalidade, para grande proveito da promoção do irracionalismo do ódio e da raça; segue-se, finalmente, que a vontade de habitar a vizinhança entre poesia e pensamento sempre trai um esteticismo aristocrático, que deprecia a vida e a dor do homem comum ou do homem diferente?

Tais são as questões que hoje se colocam àqueles para quem Heidegger conta e que, portanto, não podem simplesmente se declarar de todo estranhos a elas: nem os filosoficamente estimulados pelo pensamento da existência e da diferença ontológica, nem os tecnofóbicos, hermeneutas, historiadores da filosofia ou adeptos da junção inspirada entre poesia e filosofia depois dele. Creio que são pouco numerosos os letrados a esse ponto isentos em relação a Heidegger.

Concluirei então esta pequena obra simplesmente formulando minha resposta a essa questão, na mesma linha do que já escrevi, com uma pena (um pouco) mais especializada, em meu artigo "A ciência não pensa".[30]

Como muitos, julgo que nada no pensamento de Heidegger seja estranho a seu compromisso pessoal com

---

30. Cf. Jean-Michel Salanskis, "Die Wissenschaft denkt nicht" (1991), in *Revue de Métaphysique e de Morale*, n. 2, pp. 207-231; trad. G. Collins, in *Tekhnema*, n. 2, Paris, 1995, pp. 60-84; republicado em *Le Temps du sens*, Orléans, HYX, 1997.

o regime nazista. No que tange às proposições mais centrais do edifício ideal e filosófico que dele recebemos, a conexão provavelmente consiste, de modo geral, em evitar o motivo ético – no verdadeiro sentido da palavra – que de fato o sistema dessas proposições materializa; eu disse aqui e ali alguma coisa acerca desse evitar. Sem tentar desenvolver o assunto, o que, aliás, não seria possível nos limites deste texto e no interior de um projeto que é de restituição em vez de polêmica, remeterei meu leitor à crítica de Heidegger por Emmanuel Lévinas. Este, ao mesmo tempo que reconhece plenamente a grandeza do pensamento de Heidegger, crê que sua figura do Ser, em última análise neutra – embora supostamente nos convoque –, bem como sua conceituação do *Mitsein*, da dívida e do fator de autenticidade do *Dasein*, constituem obstáculo a uma real compreensão ética como sujeição categórica a outrem (outrem como mestre e como desprovido, incitando-nos, por sua postura mesma, ao socorro e à escuta). Noutros termos, a "grande" filosofia de Heidegger está comprometida pelo fato de não conter nenhuma ênfase no sentido de proibir antecipadamente, por menos que seja, de seguir a aventura nazista; e também pelo fato de, mais exatamente, atenuar de forma sistemática a vertente da tradição filosófica suscetível de motivar uma resistência intelectual ao projeto nazista, tal como este não podia deixar de ser compreendido.

Todavia, devo acrescentar – pois isso me parece igualmente importante – ser necessário compreender que esse nível de compromisso é, em parte, o da filosofia em geral e, com ela, de todos os procedimentos e atividades humanas emancipados da problemática pura da moralidade, ou seja, quase todos. Já faz muito tempo, vivemos, tal como Heidegger, num mundo que decreta e sustenta a emancipação de praticamente todas as esferas da vida em relação ao absoluto da obrigação moral: de certo modo, é toda a ideia sobre nosso "mundo das liberdades" de que nele a obrigação moral é algo de não obrigatório, apenas suscetível de sobrevir como a bênção e o coroamento de uma sociedade formalmente indiferente e egoísta. Nessas condições, não é mais possível deduzir, pelo fato de se distribuir uma grande mensagem filosófica, que se esteja apto a melhor comportamento do que pelo fato de ser um excelente mecânico ou uma dona de casa ímpar. É infundada a crença corrente de que os cientistas ou os homens de grande cultura são naturalmente levados a serem boas pessoas. A crítica de Emmanuel Lévinas a Heidegger demonstra apenas que a filosofia deste não contém nem mesmo uma parte receptiva ao fator ético suscetível de contribuir, de forma mínima, para o bem com a possibilidade de nutrir a intuição secular da culpa. Porém, ainda que incluísse tal desenvolvimento, nem assim representaria, por si mesma, uma garantia ou uma proteção segura do autor, em particular contra a má propensão política.

Um segundo aspecto de minha reação à questão diz respeito, dessa vez, aos usos de Heidegger. O problema que colocam é diferente, por terem uma dimensão de pregação, de *slogan*, de reivindicação e de antecipação histórica, embora não se apresentem pura e simplesmente de modo normativo. O discurso tecnofóbico é muito próximo de uma condenação radical do Ocidente, com apelo revolucionário. O discurso sobre a vizinhança entre poesia e pensamento não está longe de ser a indicação da vida e dos meios para tal revolução, para tal superação. Se levada a sério, sem humor e sem inteligência, a figura pós-heideggeriana da história da filosofia assume o sentido de uma prescrição para o trabalho filosófico, visando a orientá-lo definitivamente em determinada direção temática e, sobretudo, em determinada frequência dos textos e argumentos. Finalmente, a doutrina hermenêutica heideggeriano-gadameriana decerto pode ser tida como a recomendação de certa relação com a cultura, na qual a visão da proveniência e do pertencimento exclui a iniciativa e a responsabilidade críticas.

Portanto, levando em conta que esses usos de Heidegger empreendem espontaneamente, ainda que de forma implícita, a via do axiológico ou do normativo, talvez devamos desconfiar deles na proporção do "ensino" que o uso nazista nos dá. Podemos confiar na avaliação no mínimo fingidamente moral que emana de um pensamento que, em suas mais altas e mais soberanas expressões, obscureceu o motivo ético, não impedindo, na vida de quem o concebeu, a adesão ao nazismo e o silêncio sobre seu crime cardeal?

Mais uma vez, creio que reencontramos aqui um dispositivo que acompanhava o marxismo em sua grande época: o mesmo discurso que denunciava e ridicularizava qualquer "humanismo" e qualquer moralismo tradicional era o que constituía a referência moral por excelência de milhões de homens, em contextos eminentemente dependentes do ético no sentido tradicional. Decerto é indevido e, além do mais, perigoso funcionar como moral depois de ter arruinado a moralidade.

Bem entendido, o caso é mais fino e delicado do que se poderia crer após ter lido as últimas linhas. Cada um dos usos de Heidegger que descrevi neste capítulo é inseparável de um desenvolvimento teórico, conceitual e filosófico cheio de inteligência, a partir de suas grandes ideias, que seria preciso, sobretudo, não julgar – contrariamente a toda deontologia do pensamento e da prova – como "refutado" pelo nazismo de Heidegger. Gostaria de ter enunciado os argumentos anteriores apenas como recomendação global, na contracorrente da relação com esses usos de Heidegger: recomendação para estar atento ao momento e ao modo como tais desenvolvimentos funcionam enquanto prescrições que arvoram a gravidade da moral, sem endossar sua essência; recomendação para não ceder com demasiada facilidade, para começar, a uma descrição do mundo e da vida que esses usos sugerem ou carregam, como se ela emanasse do saber mais autorizado nesses assuntos.

Para ser mais explícito, creio que cada um dos quatro usos deve ser equilibrado por uma espécie de correção crítica, que libere o campo e o contexto, a que está ligado, da apropriação dogmática de um heideggerianismo convertido em moral rasteira. Talvez fossem necessários outros livros para indicar, caso por caso, em que consiste essa correção. Contento-me aqui com assinalar algumas pistas e sugerir algumas orientações, a fim de dar uma ideia da espécie de trabalho e de gênero de inspiração que imagino funcionar nessas "correções".

Em se tratando do uso tecnofóbico, Bernard Stiegler relativizou recentemente os veredictos heideggerianos, a um só tempo a partir do interior, ao mostrar que outra filosofia da técnica estava implícita em Heidegger, e do exterior, ao aprofundar, de modo jovial, a *hermeneia* que as novas disposições técnicas autorizam. Creio que faltaria refletir sobre a própria técnica, indagando, de forma um tanto inocente, o que se compreende com essa palavra, desfazendo a síntese confusa da identificação ciência-técnica-sociedade, que se encontra na concepção heideggeriana do *Gestell*: isso redunda em não se satisfazer com igualar dimensões ou aspectos, o que no final das contas só se justificaria pelo "sentimento" fingidamente moral da inaceitabilidade do *convocar*.

Em se tratando do uso histórico da filosofia, importaria primeiramente não confundir o reconhecimento da consubstancialidade entre história da filosofia e filosofia com a desqualificação da inovação conceitual ou da audácia de sistema, nem com a adoção do referencial do Ser como referencial de toda leitura. Isso é assunto de deontologia e pode ser afirmado sem nenhum "anti-heideggerianismo", embora contra certo moralismo da devoção em relação aos textos, de inspiração heideggeriana. Além disso, para ser específico, parece-me que, no contexto atual, seria a prioridade das prioridades separar Husserl do prisma heideggeriano. Será que é preciso esclarecer que isso de modo algum prejudicaria (em termos de história da filosofia) Heidegger, muito pelo contrário? Heidegger sofre com o fato de estar presente tendo como pano de fundo um falso Husserl, um Husserl reduzido em nome de Heidegger, pelos zeladores deste último.

Em se tratando da hermenêutica gadameriano-heideggeriana, assumirei a fatuidade de apresentar meu próprio trabalho como modo de proceder à correção necessária. Ao validar a interpretação heideggeriana do pensamento como encaminhamento hermenêutico, mas mostrando essa figura em funcionamento no bojo da ciência formal ou da tradição talmúdica, tenho a sensação de expurgar a faceta partidária da visão heideggeriana. Todavia, por caminho completamente distinto, outros trabalhos têm função similar, tais como os da escola da *hermenêutica crítica*, desenvolvida na França em torno de Jean Bollack.

Em se tratando do uso poetizante, estou muito mais longe de controlar o que está em jogo e de adivinhar o que conta mais. Apesar disso, tendo a acreditar ser importante a recusa de qualquer ilusão acerca de uma homogeneidade real do dizer filosófico e do dizer poético, ilusão que na verdade o próprio Heidegger pretendeu evitar, mas a que sua retórica da vizinhança e certa denegação silenciosa da persistência do modo filosófico em sua prosa mais tardia e sonhadora inevitavelmente induziu. Talvez também – todavia digo isso com mais prudência ainda – fosse conveniente pôr o pensamento da "vizinhança" à prova de uma arte decididamente não representativa. Será que a ideia heideggeriana da proximidade se mantém no caso em que o dizer da poesia não pode mais ser relacionado, nem mesmo como sideração nem como canto, à polaridade entre a palavra e a coisa? E será que a significação fingidamente moral de uma vizinhança entre pensamento e poesia "a-representativa" não é completamente diferente? Limito-me a levantar essa dupla questão, que, como acredito, ultrapassa minha competência.

Concluirei minha discussão sobre os problemas que o uso nazista de Heidegger coloca tentando prescrever *a priori*, tanto quanto isso for conveniente, nosso comportamento em relação à herança. Para isso, formularei simplesmente dois *slogans*: 1) entregar-se, de forma resoluta, à recuperação técnica dos gestos e operações sistemáticos legados – eventualmente sem que ele saiba – por Heidegger; 2) participar de sua canonização como autor de dignidade máxima, pois essa é também a maneira de destiná-lo eternamente ao olhar crítico quanto ao que permanece atravessado na garganta.

O primeiro ponto pode ser facilmente compreendido: por razões essenciais, o pensamento se segmenta em fragmentos que têm sentido para uma reativação o mais das vezes defasada, a qual ousam os que a receberam. Que a vontade de potência dos leitores, seguindo sua própria propensão configuradora, anime essa ou aquela parte da mensagem recebida, que a retome num novo e diferente dispositivo de pensamento, a despeito da fidelidade da retomada, isso não ilustra o imoralismo arrogante do sujeito em relação ao recebido, constituindo, antes, a única modalidade verdadeira e deontológica da forma como um pensamento afeta o outro. Portanto, é celebrando a operatividade na ordem do pensamento dos conteúdos heideggerianos, fazendo-os fornecer todas as chaves e todas as perspectivas possíveis, aproximando-os dos conteúdos tomados de empréstimo às disciplinas aparentemente mais estranhas, formalizando-os, geometrizando-os, musicando-os e picturizando-os que se respeitará a deontologia que tem autoridade na matéria, a do livre comércio da significação, a qual, no caso, coincide com a do respeito pelos temas recebidos, pela transmissão e pela elucidação indefinida.

Creio que o segundo ponto também é autoevidente. Qualquer tentativa de minimizar ou de reduzir a importância filosófica de Heidegger iria de encontro à vontade de levar em consideração seu comprometimento, com toda a gravidade desejada. É como comprometimento de um autor de tal envergadura que ele conta, exigindo de nós uma reflexão infinita. Quanto mais a culpa é sua, maior ela é; e quanto maior ele mesmo é, maior se torna nossa responsabilidade: sem que, nessa matéria, um limite temporal como o da prescrição seja aceitável, ele nos incumbe de defender e justificar o pensamento em sua liberdade e em sua alegria, corrigindo-o, como convém, em seu uso, tendo em vista o que, como pensamento, deixou acontecer ou acompanhou. Com a consciência de que esse deixar acontecer ou esse acompanhamento, sem nenhuma dúvida, continuam hoje representando o erro desse pensamento, bem como o de muitos outros.

Referências bibliográficas

Obras e artigos de Heidegger citados

Être et temps (1927). Trad. E. Martineau. Paris: Authentica, 1985; trad. F. Fédier. Paris: Gallimard, 1986.
Les Problèmes fondamentaux de la phenomenology (1927). Trad. J.-F. Courtine. Paris: Gallimard, 1985.
Interprétation phénomenologique de la "Critique de la raison pure" de Kant (1928). Trad. E. Martineau. Paris: Gallimard, 1982.
Kant et le problème de la métaphysique (1929). Trad. A. de Waehlens e W. Biemel. Paris: Gallimard, 1953.
"Qu'est-ce que la métaphysique?" (1938). In: *Questions I*. Trad. H. Corbin. Paris: Gallimard, 1968, pp. 23-84.
"Lettre sur l'humanisme" (1946). In: *Questions III*. Trad. R. Munier. Paris: Gallimard, 1966, pp. 73-154.
"L'Époque des conceptions du monde" (1949). Trad. W. Brockmeier. In: *Chemins qui ne mènent nulle part*. Paris: Gallimard, 1980, pp. 99-146.
"La Parole d'Anaximandre" (1949). In: *Chemins qui ne mènent nulle part*. Paris: Gallimard, 1980, pp. 387-449.
Chemins qui ne mènent nulle part (1949). Trad. Wolfgang Brockmeier. Paris: Gallimard, 1980.
"Dépassement de la métaphysique" (1954). In: *Essais et conférences*. Trad. A. Préau. Paris: Gallimard, 1958, pp. 80-115.

"L'Expérience de la pensée" (1954). Trad. A. Préau. In: *Question III*. Paris: Gallimard, 1966, pp. 17-41.

"La Question de la technique" (1954). In: *Essais et Conférences*. Trad. A. Préau. Paris: Gallimard, 1958, p. 16.

Qu'appelle-t-on penser? (1954). Trad. A. Becker e G. Granel. Paris: PUF, 1959.

"Contribution à la question de l'être" (1956). In: *Questions I*. Trad. G. Granel. Paris: Gallimard, 1968, pp. 195-252.

"D'un entretien de la parole" (1959). In: *Acheminements vers la parole*. Trad. F. Fédier. Paris: Gallimard, 1976, pp. 85-140.

"Le Déploiement de la parole" (1959). In: *Acheminements vers la parole*. Trad. F. Fédier. Paris: Gallimard, 1976, pp. 141-202.

Acheminement vers la parole (1959). Trad. J. Beaufret, W. Brockmeier e F. Fédier. Paris: Gallimard, 1976.

"Temps et Être" (1962). In: *Questions IV*. Trad. J. Lauxerois e C. Roels. Paris: Gallimard, 1976, pp. 12-51.

Qu'est-ce qu'une chose? (1962). Trad. J. Reboul e J. Taminiaux. Paris: Gallimard, 1971.

De l'essence de la liberté humaine (1982). Trad. E. Martineau. Paris, Gallimard, 1987.

Obras sobre Heidegger

BOUTOT, Alain. *Heidegger: Que sais-je?* Paris: PUF, 1989.

HAAR, Michel (Org.). *Cahier de l'Herne Heidegger*. Paris: Éditions de l'Herne, 1983; republicado como Livro de Bolso, coleção "Biblio" ensaios.

DASTUR, Françoise. *Heidegger et la question du temps*. Paris: PUF, 1990. Col. "Philosophies".

FARIAS, Victor. *Heidegger et le nazisme*. Trad. Benarroch e Grasset. Paris: Verdier, 1987.

GRANEL, Gérard. "Martin Heidegger". In: CHÂTELET, François (Org.). *Histoire de la Philosophie?: Le XXe siècle*. Paris: Hachette, 1973.

LÉVINAS, Emmanuel. *En découvrant l'existence avec Husserl et Heidegger*. 3ª ed. Paris: Vrin, 1974.

SAFRANSKI, Rüdiger. *Heidegger et son temps*. Trad. Isabelle Kalinowski. Paris: Grasset, 1996.

STEINER, George. *Martin Heidegger*. Trad. Denys de Caprona. Paris: Champs Flammarion, 1978. (Paris: Albin Michel, 1981.)

TUGENDHAT, Ernst. *Conscience de soi et autodétermination*. Paris: Armand Colin, 1995.

VATTIMO, Gianni. *Introduction à Heidegger*. Trad. Jacques Rolland. Paris: Cerf, 1985. Col. "La Nuit surveillée".

ESTE LIVRO FOI COMPOSTO EM SABON
CORPO 10,7 POR 13,5 E IMPRESSO SOBRE
PAPEL OFF-SET 90 g/m² NAS OFICINAS
DA ASSAHI GRÁFICA, SÃO BERNARDO
DO CAMPO-SP, EM ABRIL DE 2012